国家交通重大工程档案

"十三五"危桥改造与公路安全生命防护

工程档案

《国家交通重大工程档案》编辑部　编著

人民交通出版社股份有限公司

北　京

图书在版编目（CIP）数据

西藏"十三五"危桥改造与公路安全生命防护工程档案 /《国家交通重大工程档案》编辑部编著 . —北京：人民交通出版社股份有限公司，2021.1
（国家交通重大工程档案）
ISBN 978-7-114-17010-2

Ⅰ.①西… Ⅱ.①国… Ⅲ.①公路桥—桥梁工程—改造—工程档案—西藏②公路运输—交通运输安全—安全工程—安全防护—工程档案—西藏 Ⅳ.① U448.14 ② U492.8 ③ G275.3

中国版本图书馆 CIP 数据核字（2021）第 015756 号

书　　名：	西藏"十三五"危桥改造与公路安全生命防护工程档案
著 作 者：	《国家交通重大工程档案》编辑部
责任编辑：	赵瑞琴
责任校对：	刘　芹
责任印制：	张　凯
出版发行：	人民交通出版社股份有限公司
地　　址：	(100011)北京市朝阳区安定门外外馆斜街3号
网　　址：	http://www.ccpcl.com.cn
销售电话：	(010)59757973
总 经 销：	人民交通出版社股份有限公司发行部
经　　销：	各地新华书店
印　　刷：	北京地大彩印有限公司
开　　本：	787×1092　1/16
印　　张：	15.375
字　　数：	270千
版　　次：	2021年1月　第1版
印　　次：	2021年1月　第1次印刷
书　　号：	ISBN 978-7-114-17010-2
定　　价：	218.00元

(有印刷、装订质量问题的图书由本公司负责调换)

习近平就川藏青藏公路建成通车 60 周年作出重要批示

强调要弘扬"两路"精神　助推西藏发展

习近平指出，今年是川藏、青藏公路建成通车 60 周年。这两条公路的建成通车，是在党的领导下新中国取得的重大成就，对推动西藏实现社会制度历史性跨越、经济社会快速发展，对巩固西南边疆、促进民族团结进步发挥了十分重要的作用。当年，10 多万军民在极其艰苦的条件下团结奋斗，创造了世界公路史上的奇迹，结束了西藏没有公路的历史。60 年来，在建设和养护公路的过程中，形成和发扬了一不怕苦、二不怕死，顽强拼搏、甘当路石，军民一家、民族团结的"两路"精神。

习近平强调，新形势下，要继续弘扬"两路"精神，养好两路，保障畅通，使川藏、青藏公路始终成为民族团结之路、西藏文明进步之路、西藏各族同胞共同富裕之路。

摘自：人民网 –《人民日报》（2014 年 08 月 07 日）

《国家交通重大工程档案》编纂说明

改革开放特别是党的十八大以来，我国综合交通事业发展突飞猛进、成就举世瞩目，已成为门类齐全、设施发达、设备先进、基数庞大、网络完备的交通大国，一大批交通重大工程建设项目不仅在中国乃至在世界交通发展史上都书写了辉煌、创造了奇迹。

为全面系统记录我国综合交通重大工程建设发展历程和现状，客观展示中国交通重大工程建设取得的巨大成就，深刻诠释"交通强国"的发展理念，生动反映我国交通建设者继往开来、砥砺奋进，朝着"交通强国"宏伟蓝图，朝着中华民族伟大复兴的中国梦，踏石留印，一路前行，经国家发展和改革委员会基础产业司批准，由《中国交通年鉴》社启动编纂《国家交通重大工程档案》（以下简称《重大工程档案》）。

《重大工程档案》分为综合卷和系列卷，系列卷由铁路卷、公路卷、水路卷、民航卷、管道运输卷、城市交通卷、企业卷、地方交通卷等组成；采取纪实性大型资料工具书形式，以文字、图片、数据表格、效果图等方式，简要、系统、直观、立体地呈现我国交通重大工程建设取得的巨大成果。

《重大工程档案》记述对象从1978年改革开放开始，以国家综合交通"五年规划"为主线，筛选各建设时期具有重大社会效益、经济效益和具有代表性、标志性及科技创新性的重大交通工程项目为收录对象，重点以"十二五"规划接转项目和"十三五"规划在建、竣工的重大工程项目为主。编纂内容主要包括项目基本情况、审批依据、建设意义、投资主体、工程进度、新技术应用和项目评估等。

《重大工程档案》全套丛书彩色印刷，图文并茂，设计装帧精美，由人民交通出版社股份有限公司出版发行。同时，呈送党中央、国务院、全国人大、全国政协领导和相关机构及国家有关部、委、局、署。

《重大工程档案》主要发行对象为各省区市发展改革委、交通运输部门及相关建设单位等。编纂《重大工程档案》对于建立综合、权威的国家交通重大工程数据库,为政府决策机构提供翔实的参考数据并存史资政,宣传推广我国综合交通行业取得的重大成就和科技成果,具有重要的历史价值和现实意义。

《重大工程档案》指导单位为国家发展和改革委员会基础产业司,组织单位为《中国交通年鉴》社《国家交通重大工程档案》编委会,编纂单位为《中国交通年鉴》社《国家交通重大工程档案》编辑部。

编纂《重大工程档案》得到了国家有关部委,中央国有大型企业,各省、自治区、直辖市有关厅、局、委及交通重大工程建设指挥部、项目部和项目管理单位、建设单位、设计单位、施工单位、监理单位等有关领导、专家、学者、交通建设者的大力支持和帮助,在此一并表示感谢!

《国家交通重大工程档案》编委会

2020 年 12 月

公路建设大提速　助推西藏大发展

——中央第六次西藏工作座谈会以来西藏交通运输事业发展成就

中央第六次西藏工作座谈会以来，在党中央的英明领导下，西藏自治区党委、政府和交通运输部认真贯彻落实习近平总书记关于治边稳藏的重要论述以及一系列重要指示批示精神，从全局和战略的政治高度，作出了加快推进西藏交通运输发展的一系列具体部署安排，对西藏交通运输工作给予了全方位的指导、支持和帮助，有力地推动了西藏交通运输事业全面提速、加快发展。西藏自治区交通运输厅党委、西藏自治区交通运输厅以中央第六次西藏工作座谈会为全新起点，大力传承和弘扬"老西藏精神"和"两路精神"，在抓紧抓实高速公路、"四好农村路"、国家边防公路建设的同时，全面统筹抓好抓细公路养护、运输服务、行业管理，取得了历史性成就。

中央第六次西藏工作座谈会召开后的五年，是西藏交通历史上公路投资规模最大、公路基础设施建设最快、管理服务水平显著提升、交通支撑保障作用持续增强、人民群众得实惠最为明显的时期，为西藏经济社会发展、维稳固边、民生改善、民族团结、凝聚人心，夯实了坚实基础，为西藏决战脱贫攻坚、决胜全面小康，实现中华民族第一个百年奋斗目标发挥了交通先行的重要作用。

一是固定资产投资实现大跃升。"十三五"期间，截至2020年7月底，公路交通固定资产完成投资2289亿元，预计2020年年底可完成投资2515亿元（国家全额投资），较"十二五"增长1835亿元，增幅270%。公路交通在全区固定资产投资中占比30%以上。其中，中央投资1068亿元，比"十二五"增加598亿元，增幅127.3%。公路交通促进经济社会发展的先行引领与投资拉动作用凸显。到2020年年底，西藏自治区公路通车里程将达到11.58万km，较"十二五"末增加3.74万km，增幅47%以上。与西藏和平解放时没有1km的公路相比，西藏公路总里程已突破10万km大关，有了质和量的同步飞跃，发生了翻天覆地的变化。

二是助力脱贫攻坚实现大增效。深入贯彻落实习近平总书记关于"四好农村路"建设的重要指示精神，西藏自治区交通运输厅党委、西藏自治区交通运输厅以"思路围着脱贫转、项目向着农村调、资金朝着攻坚增、目标盯着精准干、公路为着小康建"为总思路。五年来，西藏农村公路累计总投资941.6亿元，平均每个县（区）投入12.7亿元，其中利用国家给予西藏的特殊金融政策和地方政府一般债券筹资777.2亿元，新改建农村公路里程3.82万km。截至2020年9月底，西藏乡镇、建制村通达率将分别达到100%和99.82%；到2020年年底，通畅率分别达到95%和75%，提前超额完成交通运输部80%乡镇、30%建制村通畅的目标任务。特别是墨脱县油路9月份建成通车，客运班车同步开通，结束全国最后一个县不通油路的历史。农村客运补贴标准较"十二五"最高增幅171%，具备条件的乡镇、建制村通客车率提前达到100%，通过公路建设项目共吸纳转移就业农牧民54.7万人，增加劳务收入超过137亿元，真正做到了"修一条路、富一方民"。中央第六次西藏工作座谈会以来，是西藏历史上农村公路投资最大、建得最快、修得最好、老百姓得实惠最多的五年，广大农牧区群众在交通大发展中真切感受到了持续提升的获得感、幸福感、安全感。

三是高速公路建设实现大提速。2011年，拉萨至贡嘎机场高速公路通车，结束了西藏没有高速公路的历史。中央第六次西藏工作座谈会的胜利召开，引领着西藏高等级公路建设进入了高速发展时代。西藏先后建成林芝至拉萨、日喀则机场至日喀则市、贡嘎机场至泽当、八一镇至米林机场4条高等级公路，昌都至加卡高速公路于2020年10月30日建成通车，拉萨至日喀则机场高速公路有望2021年投入运营，将实现拉萨、日喀则、山南、林芝4地市通高速公路，形成以拉萨为中心的3小时经济圈；拉萨、日喀则、山南、林芝、昌都5地市机场通高速公路，区域协调发展能力和综合交通运输体系得以快速提升。"十三五"期间，西藏高速公路通车里程达到688km；到2020年年底，高等级公路里程可突破1000km大关。西藏高等级公路里程正在以年均增加200km的速度加快推进，对促进西藏融入"一带一路"，建设面向南亚开放大通道，将发挥极为重要的支撑作用。

四是"两路精神"增添大能量。"两路精神"是西藏交通人的"传家宝"，是西藏交通运输事业发展的不竭动力。西藏交通运输系统深入贯彻落实习近平总书记对川藏、青藏公路建成通车60周年作出的重要批示精神，以"两路精神"纪念馆为红色基地，筑牢了"红色基因"，打造了"红色品牌"，释放了"红色能量"。2019年11月12日，"两路精神"纪念馆被国家民委命名为"第六批全国民族团结进步教育基地"。开馆以来，200余家单位的干部职工、部队官兵、企业员工、离退休老同志共1.3万余人前来观展，为西藏精神文明建设和民族团结教育植入"红色基因"。在"两路精神"的鼓舞下，区交通运输厅系统先后圆满完成了"4·25"尼泊尔地震、G109唐古拉山段阻断、"10·11"金沙江堰塞湖、林芝尼西森林山火等特大运输保障等急难险重抢险保通任务45次。

五是"十四五"规划引领大跨越。提前谋划启动西藏公路"十四五"发展规划编制工作，进一步深入贯彻落实习近平总书记关于"十四五"规划编制工作的重要指示精神，《西藏自治区公路"十四五"发展规划》已完成申报工作。该规划坚持民生导向、问题导向、目标导向，建设项目主要包括进出西藏的国省干线公路和乡村振兴农村公路等项目，力争到"十四五"末，西藏公路通车总里程和高等级公路通车里程分别达到12万km和1800km，西藏国道全部黑色化，实现所有乡镇、建制村通硬化路。

中央第六次西藏工作座谈会以来的五年里，西藏交通运输系统牢固树立以人民为中心的发展思想，坚持新发展理念，取得的成就令世人瞩目。这些成就的取得是以习近平同志为核心的党中央亲切关怀的结果，是中央和国家有关部委倾力支持的结果，是全国人民无私支援帮助的结果，也是西藏各族人民和西藏交通人一起，在西藏自治区党委、政府的坚强领导下，传承和弘扬"老西藏精神"和"两路精神"、凝心聚力、苦干实干的结果。

西藏自治区交通运输厅将始终坚持以习近平新时代中国特色社会主义思想为指导，增强"四个意识"、坚定"四个自信"、做到"两个维护"，不忘初心、牢记使命，面对成就找差距、静下心来补短板，在新时代的奋进中找准新定位、展示新作为、勇攀新高峰，以迎难而上、敢打硬仗，交通先行、永不停步的实际行动体现对习近平总书记和党中央的绝对忠诚！

西藏自治区交通运输厅厅长

让西藏百姓更好地受惠于交通发展成果

——访西藏自治区交通运输厅一级巡视员、原西藏自治区公路局党委书记占堆

占堆是名副其实的西藏老交通人。他的父母是西藏和平解放后的第一代公路养护工人，占堆是在道班里出生、在公路边长大的西藏公路"二代"。受父母影响，他从小就对公路有很深的感情，参加工作后，受益于党和国家的培养，这位来自日喀则的西藏交通人珍惜每一个岗位上的锻炼和学习机会，通过刻苦钻研和实践积累，逐步提升了工作能力，成长为西藏交通运输行业的优秀领导干部，并主抓了"西藏提前实施'十三五'公路安全生命防护和危桥改造工程"。

抓住机遇，全面提升西藏路网安全

"这是西藏全面提升公路路网质量和安全运行水平的一次重大机遇。"占堆介绍说，他的话语中透出了坚定和自信。

改革开放以来，我国经济持续稳定较快发展，但发展与安全的矛盾也在近年来日益突出，党中央、国务院高度重视各领域的安全生产。2016年10月31日，中共中央总书记、国家主席、中央军委主席习近平作出重要指示：要牢固树立发展决不能以牺牲安全为代价的红线意识，以防范和遏制重特大事故为重点，坚持标本兼治、综合治理、系统建设，统筹推进安全生产领域改革发展。

占堆认为，从国家层面提出的安全生产"红线意识"和"底线思维"，提升了各级党委、政府以及各行各业对做好安全工作重要性的认识，这"红线"和"底线"也是实施公路安全生命防护工程的重大背景。

2014年年底，国务院办公厅出台《关于实施公路安全生命防护工程的意见》(以下简称《意见》)，根据《意见》，交通运输部印发了《贯彻落实国务院办公厅关于实施公路安全生命防护工程的意见的实施方案》(以下简称《实施方案》)，制定了《现有公路实施安全生命防护工程方案》(以下简称《工程方案》)，将公路安全生命防护工程列入交通运输部2015年度重点推进的"十大民生工程"，并向全行业发布了推进这项工

程的技术指南。

西藏自治区党委、政府高度重视这项工程，结合全区公路交通发展现状和安全工作形势，"坚持突出重点、分步实施，着力整治事故多发易发路段隐患，满足公众安全出行基本需要"的基本原则，2015年，部署了西藏实施危桥改造和公路安全生命防护工程，西藏自治区交通运输厅成立了工程项目管理办公室。

占堆时任西藏自治区交通运输厅党委委员、公路局局长，受命担任工程项目总负责人。

提前实施，只为西藏百姓得实惠

"提前实施"的内涵是什么呢？占堆介绍说，西藏的公路交通几十年来虽然取得了长足的发展，但基于众所周知的特殊原因，相较于内地，西藏交通基础设施底子薄、大量公路等级较低、危桥存量大，加上资金不足和建设融资模式落后等原因，许多农村公路一直处于低水平运行、安全防护设施跟不上、危桥得不到改造维护等，制约着区域经济社会发展，百姓的安全出行也得不到很好的保障。而这些状况是长期存在的，原本是需要很多年的努力才能逐步改善。

危桥改造和公路安全生命防护工程，是由国务院决策部署，交通运输部、西藏自治区党委和政府全力推进的重大工程，要求在"十三五"期间对存量危桥和生命安全防护设施缺失项集中进行改造和建设。西藏自治区交通运输厅及时抓住这次千载难逢的政策机遇，组织公路局等各单位积极主动实施各项工作，集中资金、人力和各方面资源，把全区路网中危桥改造和安全生命防护的重大需求集中在"十三五"实施，这便是"提前实施"的内涵所在。

这项工程的实施，不仅全面提升了西藏公路网服务经济社会发展的能力，对加强西藏国防建设也发挥着重要作用。占堆说，西藏的任何一条公路都具有服务国防建设的功能，干线公路的大通道作用固然是不可替代的，农村公路的通达通畅程度和大小桥梁安全水平的提升，也决定着整个公路网的综合服务效能，特别是还影响着应对突发情况中的物资和人员运输，对保障国家安全也发挥着极为重要的作用。

"一定要让西藏百姓提早受惠于交通运输发展成果。"作为从基层成长起来的藏族干部，占堆对百姓出行的需求感同身受，对百姓的情感流露自然。

他深知现在西藏还有很多地区与他早年生活过的地方一样，路况差、安全防护设施缺乏、危桥多，百姓的出行安全意识也比较落后，借助各种拖拉机、摩托车等出村出山的情况还比较普遍，交通事故造成的人员伤亡时有发生，令人痛心。

"我们一定要把这项工程做好，一定要让老百姓尽早从交通发展中获得真正的好处，同时一定要减轻我们工作人员的劳动强度。"占堆在具体领导实施这项工程的过程中，始终把这个目标牢牢地放在心上。

把握重点，好钢就要用在刀刃上

"西藏交通运输厅组织公路局和相关单位在全区120万 km^2、9万 km的公路上开展了整整两年丈量式的大调研、大摸底，我们全面掌握了全区农村公路安全防护和危桥现状。"占堆说，这次大调研让西藏交通运输厅摸清了农村公路的"家底"，这"家底"也成为一种无形的压力。

由于西藏公路建设历史欠账比较多，路网密度、通达深度与内地相比差距非常大，经过调研统计，如果将全区所有农村公路的安全防护设施缺口全部补齐、所有的危桥全部改建，至少需要500亿元资金，而现实是，即使西藏将中央的好政策用足、用到

占堆（右三）在林芝片区检查工作

位，能够投入工程建设的资金总量与实际需求的差距还是非常巨大的。

基于这一突出的矛盾，西藏自治区交通运输厅采取了区分轻重缓急、科学把握重点的原则来实施项目，制定了70亿元资金的建设方案，优先建设对经济社会发展影响大、辐射人口多、在路网中发挥重要节点作用、有特殊历史人文影响的项目。

资金有限，就要抓重点、抓亮点，灵活把握。这项工程虽然分散在全区各地，但其中的几座桥梁作为节点，改建后不仅改善了当地出行难题，也因为这几座桥的历史地位、功能定位比较重要，而得到百姓的赞扬。曲水大桥是西藏自治区成立初期建造的大桥，是从拉萨到山南的重要的节点通道，因此在这次改建中，高标准设计，建成后有利于区域路网结构的完善。山南的泽当大桥、桑日大桥，地位也都很重要，通过高质量的设计、施工，提升了区域路网运行水平，也因为建成后让道路更安全、更顺畅而受到社会各界的好评。

工程启动后，许多困难扑面而来，难度最大的是工程管理。施工点分散在西藏各个地区，在占国土面积八分之一的土地上实施管理，人员少、范围大，很难随时跟进监控每个工点的情况，于是，项目管理办公室在工程管理中及时引进了网络化管理系统，在工作人员较少的情况下，高效地完成了资料管理、资金支付和各个工点上所有进度和人员的监控，大大提升了管理水平。

项目管理办公室还开展技术援藏，从内地设计、施工单位引进了很多优秀的管理人员协助开展建设管理，项目管理办公室、各驻地项目办的总工皆为内地技术援藏人员。

"这么大规模的一个项目，我们没有交给第三方管理，而是立足于不但要建好工程，还要把自己的年轻技术干部培养起来。"占堆介绍说，项目的管理人员都是公路局从各地精挑细选出来的年轻干部，把他们充实到各驻地项目办，跟着援藏技术干部，随班作业。在实际工作中边学边干，在复杂的工程管理工作中得到锻炼、提升。

几年下来，工程结束时，这批年轻人的综合素质切切实实得到了提升，回到各自单位，也都成了能够独当一面的技术、管理干部。可以说，这项工程为西藏各地交通部门培养了一批年轻优秀的技术和管理人才。

由于项目工点和人员分散，工程建设中的廉政工作也面临着新的考验。占堆介绍说，项目管理办公室从开始就建立了整套的廉政工作办法和相关制度，开工前，把所有管理人员集中到拉萨，进行了为期数天的集中培训，对所有驻地项目部的工作人员进行规范化管理模式的培训，他和工程其他负责人对每一个重要岗位的管理人员都进行了深入的廉政约谈，讲纪律、提要求、谈制度。由于早抓严管、制度完善、管理严格、一以贯之，项目完工后，工程质量和廉政建设全部达标，没有发生严重的违法违规事件。

工程完成后，占堆和项目管理办公室全体同志都感到十分欣慰，因为通过项目的实施，不仅工程质量和廉政建设全部达标，而且，工程建设到哪，哪里就吸收当地百姓参与工程建设、租用群众的机械、车辆，为各地百姓转移就业和增收致富提供了很多机会。而随着各地公路交通通达通畅率的不断提升，公路安全防护设施不断完善，交通出行安全保障有了极大提升，全区各地更多的老百姓买了车。不仅如此，越来越好的交通条件也改善了过去一些闭塞地区的农牧区经济，促进了各地旅游业的快速发展，为全区脱贫攻坚工作作出了重大贡献。

可以自豪地说，这是一项实实在在的惠民工程。

占堆（左）在日喀则市仁布县危桥改造施工现场

让西藏百姓出行更便捷更安全

——访西藏自治区公路局党委委员、副局长、纪委书记、西藏自治区公路局危桥改造与公路安全生命防护工程项目管理办公室主任其米多吉

雪域西藏，经过几代交通人艰苦卓绝的拼搏，已经基本建成了以拉萨为中心、四通八达的公路交通网络，一条条"天路"般的国省道、干线公路和县乡公路如同吉祥的哈达蜿蜒在青藏高原的茫茫大地上。

"出得去、进得来"还远远不够，为进一步促进西藏经济社会发展、民族团结进步，满足百姓安全出行更高需求，根据国务院、交通运输部的部署，西藏全面实施了公路危桥改造与公路安全生命防护工程（以下简称"工程"）。经过3年的艰苦奋战，西藏交通运输部门向全区人民交上了一份令人欣慰的答卷。

西藏自治区公路局党委委员、副局长、纪委书记、西藏危桥改造与公路安全生命防护工程项目管理办公室（以下简称"项目办"）主任其米多吉表示："我们要让西藏老百姓出门更便捷、行路更安全。"

排序轻重缓急，确定重中之重

其米多吉是西藏的"老公路人"，他一路从基层走来，对西藏的公路交通状况了如指掌，深知实施危桥改造与公路安全生命防护工程的重要性和迫切性。

西藏公路虽然经过前几十年的大建设大发展，路网基本建成，但不可否认，长期以来受制于资金紧张和青藏高原特殊的地理地质条件带来的建设难度，公路路网的技术等级相对内地是比较落后的，农村公路通行效率低和安全隐患多成为较为突出的问题，尤其危桥大量存在，在一定程度上影响了西藏经济社会发展和人民群众的出行安全。

"很多偏远地区、山区的百姓，常发生出行时跌入深沟或发生车祸的不幸事故，生命财产损失很大。提升农村公路安全等级和通行效率，是我们公路交通部门的重要责任。"其米多吉认为，2014年年底，国务院办公厅出台《关于实施公路安全生命防护

工程的意见》(以下简称《意见》)恰当其时。

《意见》明确提出,牢固树立以人为本、安全发展的理念,坚守发展决不能以牺牲人的生命为代价的红线意识,以防事故、保安全、保畅通为目标,以落实安全生产责任为主线,以加强基层基础建设为抓手,坚持公路建设、管理、养护、安全并举,紧紧抓住农村公路这一工作重心,按照"消除存量、不添增量、动态排查"方针,大力整治公路安全隐患,不断完善安全设施,依法强化综合治理,全面提升公路安全水平,促进全国道路交通安全形势持续稳定好转。

根据《意见》,交通运输部印发了《贯彻落实国务院办公厅关于实施公路安全生命防护工程的意见的实施方案》(以下简称《实施方案》),制定了《现有公路实施安全生命防护工程方案》(以下简称《工程方案》),并将公路安全生命防护工程列入交通运输部2015年度重点推进的"十大民生工程"。

"这是全面提升西藏公路交通建设水平、通行能力和惠及民生的重大机遇。"其米多吉清楚地记得,西藏自治区人民政府和交通运输厅对这项工程的详细部署。按照国务院和交通运输部"坚持突出重点、分步实施,着力整治事故多发易发路段隐患,满足公众安全出行基本需要"的基本原则,2015年,部署了"西藏实施危桥改造和公路安全生命防护工程",西藏自治区交通运输厅明确由厅党委委员、公路局局长占堆担任项目总负责人。

西藏自治区交通运输厅对全区农村公路急需改造的隐患路段和危桥进行了排查,排查结果令人备感压力。西藏地域广阔,公路线长、桥梁等节点工程分散,特别是许多公路临崖临水,翻山路段很多,公路安全隐患突出,仅急需改造的危桥最初的数据就有1千余座之多。然而,面对资金紧张、工程量巨大的现实难题,全部改造是不可能实现的。根据国务院《意见》和交通运输部《实施方案》《工程方案》,西藏交通运输部门按照区分轻重缓急、科学把握重点的原则,在前期调研基础上,严格筛选,确定了工程范围和规模。"十三五"期间,西藏共实施危桥改造474座、投入27.01亿元建设资金,实施公路安全生命防护工程500多条路段、投入26.8727亿元建设资金,共计70亿元资金的工程规模。

其米多吉说,尽管这一目标距西藏公路交通发展的实际需求还有一定差距,但方案是科学的、务实的、严谨的。他认为,"十三五"期间完成这项工程,能够基本解决西藏路网内现存最大、最急迫、最根本的安全隐患问题,给广大老百姓的安全出行提供更为安全可靠的保障。这项工程全部实施完成,可以让全区7个地市、74个县区受益。

经过3年多的艰苦施工,西藏公路交通部门克服了重重困难,截至2020年年底,西藏自治区公路局危桥改造与公路安全生命防护工程所有项目完工,如期并保质保量地完成了这项覆盖全区的重大惠民工程,有效治理了公路安全隐患,明显改善了农村公路交通安全基础设施并提高了安全防护水平。

科学调度部署,全域攻坚克难

西藏的面积约为全国陆地的八分之一,在如此广阔的地域内全面开工,施工战线长、工点分布广、管理难度大,成为西藏危桥改造与公路安全生命防护工程最大的困难。

其米多吉举例说明项目管理的难度:那曲有两个县需要改造的桥梁有30多座,若项目管理办的工作人员逐一检查完这些工点,要走3000多km路,至少需要一两个月的工作时间。纵观全区500多个路段上的施工点,仅靠项目管理办几十个工作人员,根本无法实现逐一监管和服务。

2018年7月,其米多吉(右二)在昌都市类乌齐县检查T梁预制钢筋

首先，为解决这一突出矛盾，西藏自治区交通运输厅调度全区交通运输部门和公路管理养护部门参与项目管理，首先在拉萨市设项目管理办公室，同时下设日喀则、昌都、那曲、山南、林芝五个分支驻地项目管理机构，抽调精兵强将分片区"打包"负责项目管理，从而全区域全流程地将分散的工程项目纳入可控的管理体系之中。

其次，西藏自治区公路局还与各地市交通运输部门和公路养护单位签署了针对工程管理的委托协助监管协议，调度地方交通运输部门代表工程业主对各辖区的工程项目进行全面监督管理，使项目管理有了许多只"外延之手"，建立了一整套行之有效的项目管理和服务体系，有力地保障了工程项目的实施进度和工程质量。

另外，业主还在工程建设中实施了第三方检测机制，并在施工招标环节统一招标标段检测，通过第三方检测的提前介入，使工程检测的内容不仅包括交工检测，也包括过程中的桥梁桩基检测等，检测方还可以替业主跟踪并监控施工中的外购材料、质量等，实现工程项目的全过程检测，从根本上解决了业主不能到达现场又要有效实施监管的问题。

特别值得一提的是，项目管理办公室引进了现代化的工程项目建设管理信息系统，对分布在西藏各地的几百个施工点的前期管理、合同管理、建设管理、计划进度、质

桑日大桥荷载试验

日喀则扑布祈寺向项目管理办及各参建单位建设者敬献哈达

量管理、竣工管理,以及相关电子地图和其他信息,都实现了可视化掌控,通过各驻地项目办定期组织上传图片和视频资料,随时掌握每一个工程环节的进展和问题,对工程进度和施工质量实现有效控制。

其米多吉介绍,为解决西藏工程技术专家稀缺的难题,区交通运输厅通过技术援藏的渠道,引进了一批内地优秀的技术干部参与工程建设。工程项目管理办公室和下设的五个驻地项目管理办的总工都是援藏技术干部,他们分别来自中铁大桥局、西北铁科院、中交一公院、中交通力等内地知名交通企业和科研单位。他们伴随工程项目整整3年,带领着从西藏各地抽调的年轻的技术、管理干部,对工程项目的技术管理进行总体把控,对工程技术人员进行无私的传帮带,克服了无数困难,高标准、高效率、高质量地完成了工程项目的施工、管理、验收等全部工作,并为西藏锻炼出一支敢打敢拼、素质过硬,有能力、有活力的公路工程项目管理和技术人才团队,为西藏交通运输发展储备了一批优秀的后备力量。

落实惠民政策,造福百姓出行

其米多吉也深知让路更畅通不仅是一项交通的本职工作,更是关系着西藏的社会安定和各民族团结的民生工程。他忧心着深山老林里那些不能永久性保障出行的钢架桥、那些早年在农村公路上修建的许许多多低等级的桥梁，还有一些峡谷地带摇摇欲坠的吊桥。

"西藏升级改造桥梁的任务量是很大的，这不仅是全区路网完善的技术要求，更是造福百姓的第一要务。"其米多吉走遍了西藏各地，也摸透了全区公路危桥和农村公路

安全防护的现状。

他认为作为交通运输部2015年制定的"十大民生工程"的重要组成部分,危桥改造和公路安全生命防护工程对西藏来说更是重要的民心工程。很多通乡、通村、通寺的公路都是一个地区的咽喉,不仅影响百姓日常外出和生活,还影响着当地特产的外运外销。人员和物资交流滞后会成为影响一个地区脱贫致富的最大障碍,交通运输部门通过改一座桥,就能实现富一个村、凝聚一个地区百姓的美好愿望。

通过公路安全生命防护工程的实施,升级了西藏的农村公路技术等级,大大减少了公路安全隐患,让百姓出行更舒适,减少交通事故才是交通设施"以人为本"最大的体现。"让我们的百姓出山,再也不用担心路不好跌入深谷或发生各种交通事故,是我们实施这项惠民工程最实实在在的目标。"

桑日大桥

安防设施的完善提升了西藏公路的安全运行能力

让西藏百姓出行更便捷更安全

国道219线上的公路防护设施

21

让西藏百姓出行更便捷更安全

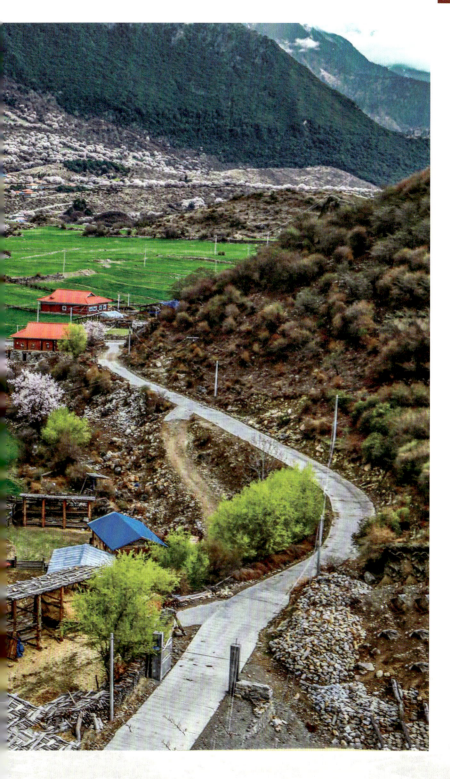

林芝市波密县桃花沟乡村公路

拉萨至墨竹工卡县公路安防设施

连接山南地区南北交通的泽当大桥

目录

第一篇　概　览　篇 ·· 1
- 第一章　项目概况 ·· 2
- 第二章　西藏经济社会发展和自然资源情况 ·· 6
- 第三章　西藏"四好农村路"建设成果 ·· 10
- 第四章　西藏交通发展促进脱贫攻坚进展 ··· 13

第二篇　前期工作篇 ··· 15
- 第一章　危桥、安防调研工作 ·· 16
- 第二章　环境评价 ··· 26
- 第三章　水土保持方案 ·· 47

第三篇　施工准备篇 ··· 57
- 第一章　建设依据 ··· 58
- 第二章　主要技术指标 ·· 62
- 第三章　投资及标段划分 ··· 63

第四篇　建设管理篇 ··· 67
- 第一章　标准化先行，有效管控质量安全——项目管理办 ························ 68
- 第二章　集思广益，严控工序，网络化管理——日喀则驻地项目办 ··········· 74
- 第三章　多层级质量管理，逐级落实安全管控——那曲驻地项目办 ··········· 81

第四章　因地制宜定方案，强化专项检查
　　——林芝驻地项目办 ··· 86

第五章　细化实施计划，加强现场协调
　　——昌都驻地项目办 ··· 95

第六章　先期学习塑能力，多方协调克难关
　　——山南驻地项目办 ··· 104

第五篇　民　生　篇 ·· 111

第一章　确保农村公路长期发挥效益，推进"四好农村路"建设
　　——拉萨片区民生工作 ······································· 112

第二章　和谐地方赢得拥戴，产业发展立竿见影
　　——日喀则驻地项目办民生工作 ······························· 114

第三章　破解民生难题，践行党的根本宗旨
　　——那曲驻地项目办民生工作 ································· 123

第四章　打开特产致富突破口，激活旅游资源优势
　　——林芝驻地项目办民生工作 ································· 129

第五章　促进区域经济社会发展，提升交通安全畅通水平
　　——昌都驻地项目办民生工作 ································· 142

第六章　助推地方经济发展，增强各族群众获得感
　　——山南驻地项目办民生工作 ································· 151

第六篇　环　保　篇 ·· 157

第一章　严格落实环评报告要求，有效防治环境污染
　　——拉萨片区环保工作 ······································· 158

第二章　夯实政治责任，筑牢生态安全制度屏障
　　——日喀则驻地项目办环保工作 ······························· 160

第三章　协同推进环保施工，制定、落实恢复方案
　　——那曲驻地项目办环保工作 ································· 162

第四章　积极主动作为，分步骤针对性施策
　　——林芝驻地项目办环保工作 ································· 165

第五章 实行生态环保措施，从根本上减少污染
　　——昌都驻地项目办环保工作 ··· 170

第六章 抓好环保现场巡查，严控征地环保工作
　　——山南驻地项目办环保工作 ··· 173

第七篇　人　物　篇 ·· 177

一、西藏自治区公路局危桥安防项目管理办副主任　次旺旦增 ······· 178
二、日喀则驻地项目办主任　贡嘎朗杰 ···································· 183
三、那曲驻地项目办主任　旦增达杰 ······································· 184
四、林芝驻地项目办主任　贾锐 ··· 186
五、昌都驻地项目办主任　江勇 ··· 186
六、山南驻地项目办主任　李建伟 ·· 189

第八篇　大　事　记 ·· 191

附　录 ·· 197

第一篇 概 览 篇

第一章 项目概况

项目名称：提前实施"十三五"公路安全生命防护工程急需项目；提前实施"十三五"公路危桥改造工程急需项目。

一、建设背景

为进一步促进西藏经济社会发展、民族团结进步，满足百姓安全出行更高需求，根据国务院、交通运输部的部署，2015年，西藏自治区按照"坚持突出重点、分步实施，着力整治事故多发易发路段隐患，满足公众安全出行基本需要"的基本原则，部署了提前实施"十三五"公路安全生命防护工程与公路危桥改造工程。

按照交通运输部《关于做好"十三五"公路路网结构改造工程有关工作的通知》（交公便字〔2015〕148号）和西藏自治区公路局《关于开展"十三五"公路路网结构改造有关工作的通知》（藏路发〔2015〕257号）要求，"十三五"西藏公路路网结构改造工程规划目标为公路安防工程基本完成普通国省干线和县、乡道的改造任务；危桥改造工程消除普通国省干线现有危桥，改造县、乡道中病害严重、难以继续使用的四类、五类桥梁，力争实现农村公路危桥逐年下降。

二、总体目标

西藏交通运输部门早于2014年9月起在全区范围内深入开展了道路交通安全隐患排查集中整治工作，2015年后，结合交通运输部和西藏自治区公路局有关文件要求。通过专项整治，全区道路交通安全基础设施明显改善，道路通行能力明显提高，道路安全防护水平明显上升，（车辆）翻坠道路交通事故大幅下降。力争在专项整治3年内，全区较大以上（车辆）翻坠道路交通事故起数比整治前年平均数减少30%以上，力争已治理的隐患路段不再发生重大以上（车辆）翻坠道路交通事故。

三、主要成果

为精准把握工程重点，科学部署各项工作，西藏自治区交通运输厅对全区农村公路急需改造的路段和危桥进行了排查；结合全区道路安全的具体情况，以公路系统防事故、保安全、保畅通为目标，以落实安全生产责任为主线，以加强基础建设为任务，坚持公路建设、管理、养护、安全统筹兼顾，坚守发展决不以牺牲生命为代价的红线，以促进道路交通安全形势持续稳定向好为目标，对全区公路安全生命防护与公路危桥改造工程做了具体安排。

在西藏广袤的土地上实施的这项工程，点多、面广、量大，工程的组织管理是很大的难题，为解决这一突出矛盾，西藏自治区交通运输厅调度各地交通主管部门和公路部门参与项目管理，在拉萨市设项目管理办公室（即项目办），同时下设了日喀则、昌都、那曲、山南、林芝等五个分支驻地项目管理机构（即项目驻地办），抽调精兵强将分片区"打包"负责项目管理，并利用现代化的网络管理手段，将全区域分散的所有工程项目有效地纳入可控的管理体系之中。

经过近5年的艰苦施工，西藏公路部门克服了重重困难，截至2020年年底，所有建设项目完工，如期、保质、保量地完成了这项覆盖全区的重大惠民工程，有效治理了公路安全隐患，明显改善了农村公路交通安全基础设施，并提高了安全防护水平。

公路安全生命防护工程共实施26786km，危桥改造共计474座。

参见图1-1-1和图1-1-2。

图1-1-1　环保理念指引下，工程建设成为自然环境中一道和谐的风景线

第一篇 概 览 篇

图 1-1-2 新建曲水大桥与不远处的旧桥一起，形象地诠释了西藏交通的发展

第二章 西藏经济社会发展和自然资源情况

一、西藏经济社会发展情况

西藏自治区,简称藏。位于中国的西南边陲,青藏高原的西南部,面积122.84万 km^2,约占中国陆地总面积的八分之一,仅次于新疆维吾尔自治区。南北最宽约1000km,东西最长达2000km,是世界上面积最大,海拔最高的高原,有"世界屋脊"之称。它北邻新疆,东北紧靠青海,东接四川,东南界云南,南边和西部与缅甸、印度、不丹、尼泊尔等国接壤。国境线长达3842km,是中国西南边陲的重要门户,战略位置十分重要。

西藏自治区首府为拉萨市。有6个地级市、1个地区,74个县。西藏是中国人口最少、人口密度最小的省区。1991年末人口221.8万人,人口密度1.73人/km^2,人口密度只是全国平均数的六十分之一。全区人口分布很不平衡,主要集中在南部和东部。雅鲁藏布江中游及其主要支流拉萨河与年楚河流域,是人口最稠密的地区,为10人/km^2以上,其中拉萨平原、年楚河中下游平原、泽当平原等地50人/km^2左右,拉萨城关区附近达100人/km^2以上。藏西阿里、藏北那曲,人口特别稀少,往往百里不见人烟。羌塘草原北部甚至被称为"无人区"。西藏是全国藏族居民最集中的地区,1990年藏族人口为209.6万人,占人口总数的95%以上,其余是汉族、回族、门巴族、珞巴族、怒族、纳西族等民族。藏族是中国古老的民族之一,除一部分分布在青海、甘肃、四川、云南等省外,二分之一居住在西藏。门巴族、珞巴族也是居住在中国西藏的古老民族,主要分布在西藏自治区南部。

二、西藏自然资源分布情况

西藏拥有各类天然草场面积达0.83亿 hm^2,占全区土地面积的67%,约占中国天然草场面积的26%;森林覆盖面积达632万 hm^2,占西藏土地面积的5%,约占全国森林面积的5.5%,森林总蓄积量为14.4亿 m^3,占中国总蓄积量的14%,参见图1-2-1;耕地面积为22.15万 hm^2,占西藏土地面积的0.18%,另有一定数量未开垦的后备土地资源。主要农区分布在藏南雅鲁藏布江河谷地区、藏南山地和谷地以及藏东"三江"流域峡谷地区。其耕地约占全区耕地面积的65%，粮食产量占70%。

全区已探明的矿产达70多种，已探明储量的26种矿产中，有11种的储量分别名列中国的前5位；西藏的水能、地热能、太阳能、风能等资源均非常可观，尤以水能资源最为丰富；全区平均径流总量约3590亿 m^3，年平均天然水能蕴藏量约为2亿kW，约占中国的30%；西藏的地热显示点有600多处，地热能蕴藏量居中国首位，当雄的羊八井地热田为中国最大的高温湿蒸汽热田，也是世界大型热田之一。

西藏的动植物资源也非常丰富。区内的高等植物有5766种之多。粮食作物主要有青稞、小麦，豆类作物主要有蚕豆、豌豆，油料作物主要有油菜籽。在藏东南亚热带地区，还产水稻、玉米、荞麦、鸡爪谷、高粱、花生、芝麻等；西藏主要林木有云杉、冷杉、华山松、落叶松、白桦等几百种，其中喜马拉雅冷杉、巨柏为西藏独有。西藏有药用植物1000多种，占全国药用植物的65%～70%，比较著名的中药材有虫草、贝母、三七、天麻、雪莲、麻黄、红花等；野生动物主要有野牦牛、野驴、黄羊、羚羊、獐子、鹿、豹、猴、老虎、熊、狐狸、狼、雪鸡、天鹅、沙鸥等，其中被列为世界珍品的白唇鹿、野牦牛、金钱豹、雪豹、小熊猫、藏羚羊、藏野驴、藏雪鸡、藏马鸡、黑颈鹤等，是青藏高原所特有的动物。

（注：西藏经济社会发展情况、西藏自然资源分布情况资料来自西藏自治区政府网站。）

图 1-2-1 林芝市南伊沟原始森林

第三章　西藏"四好农村路"建设成果

自 2015 年 8 月召开中央第六次西藏工作座谈会以来的 5 年间,西藏自治区交通运输部门深入贯彻习近平总书记关于"四好农村路"建设的一系列重要指示精神,在西藏自治区党委、政府的坚强领导和交通运输部的指导支持下,全力推进"四好农村路"建设,取得重大进展,为打赢脱贫攻坚战、实施乡村振兴战略、服务全区经济社会发展和农牧区百姓安全便捷出行提供了坚实的交通保障。

截至 2020 年 8 月 25 日,西藏共有 74 个县(区)、476 个乡镇、2050 个建制村通客车,提前一个多月完成了交通运输部部署的"2020 年 9 月底前全部实现具备条件的乡镇和建制村通客车"的目标任务。这是西藏交通运输事业特别是"四好农村路"建设取得的又一项重大成果。

"四好农村路"是习近平总书记亲自总结提出、亲自推动实践的一项重大民生工程和民心工程,对于如期打赢脱贫攻坚战、决胜全面建成小康社会具有十分重要的基础性、先导性、服务性作用。总书记先后多次对"四好农村路"建设作出重要指示批示,要求把农村公路建设好、管理好、养护好、运营好,明确了"四好农村路"建设的根本宗旨、战略定位、努力方向和策略方法。西藏交通系统认真学习领会,立足西藏实情,创新工作举措,全面贯彻落实总书记重要指示批示精神。中央第六次西藏工作座谈会以来,西藏交通运输部门紧紧围绕区党委、政府和交通运输部的决策部署,主动作为,敢于担当,在各级党委、政府的协同推进下,坚持农村公路建、管、养、运全面协调发展;"四好农村路"建设取得历史性进展,对助推全区打赢脱贫攻坚战、全面建成小康社会发挥了重要作用。同全区经济社会发展的形势一样,中央第六次西藏工作座谈会召开以来的 5 年,也是西藏交通运输事业特别是"四好农村路"发展最好最快的历史时期。

一、路网结构不断优化

西藏地域辽阔，经济相对滞后，自然条件复杂，历史欠账较多。2015年年底，全区还有9个县城不通沥青路，2个乡镇、230个建制村不通公路，乡镇和建制村通硬化路的比例仅为45.9%和16.8%。西藏交通运输部门利用5年时间，全力实施攻坚，实现了农村公路的跨越式发展，农牧区交通面貌发生了巨大变化。到2020年年底，在建的所有农村公路项目完工以后，全区95%的乡镇和75%的建制村能够通硬化路，比2015年年底分别提高49.1和58.2个百分点。5年内全区累计新改建农村公路3.82万km，农村公路通车里程达到8.6万km，其中，县道1.89万km，乡道1.23万km，村道3.89万km，专用公路1.59万km；等级公路里程6.94万km，占比80.6%，参见图1-3-1。

图1-3-1　山南市S206线杰德秀—洛扎段埋入式波形护栏

二、管理水平显著提高

全区 74 个县（区）已全部健全了农村公路管理机构，县级人民政府"四好农村路"建设主体责任进一步落实。西藏自治区人民政府印发了《关于推进"四好农村路"发展的实施意见》，农村公路规划计划、立项审批、组织实施等权限和职责进一步明晰，"四好农村路"建设列入政府绩效考核体系，发展质量更有保障。林芝市朗县、山南市琼结县、日喀则市谢通门县被交通运输部评为全国"四好农村路"示范县，拉萨市堆龙德庆区、那曲市班戈县等 9 个县（区）被评为西藏"四好农村路"示范县。

三、养护水平大幅提升

截至目前，农村公路养护里程达 70746km，5 年增加 14176km，列养率达 89.7%。西藏自治区人民政府制定出台《深化农村公路管理养护体制改革实施方案》，进一步明确了农村公路养护工作目标任务、职责分工、体制机制和经费保障，为新时代农村公路养护工作提供了政策支撑。5 年来，西藏财政安排补助资金 9.66 亿元，专项支持农村公路养护工作。交通运输部门累计投入资金 35.63 亿元，改造农村公路危桥 277 座 /12360 延米，实施安全生命防护工程 20894km，农村公路安全通行能力显著提升。交通运输部门与市县政府协同联动，累计为农村公路抢险保通投入人员 7.28 万人次、机械 1.62 万辆（次），救助受困车辆 5.19 万辆、人员 10.88 万人次，有力保障了全区农村公路安全畅通和人民群众生命财产安全。

四、运输服务更加优质

5 年来，累计新增了 1 个县、102 个乡镇和 536 个建制村通客车，全区已有 74 个县（区）、476 个乡镇和 2050 个建制村通了客车，农村客运网络进一步优化，老百姓出行条件显著改善。西藏自治区人民政府制定实施《关于加快农村客运发展的意见》，明确目标任务，压实工作责任，细化保障措施。西藏自治区财政厅、交通运输厅出台《西藏自治区农村客运补贴实施细则》，大幅提高了农村客运补贴标准，运营补贴由原来的每车每月 1000 ~ 1400 元提高到 2400 ~ 3800 元，西藏自治区和各市（地）财政对新购置农村客运车辆给予购车价 20% 的一次性补贴和 5 年期的贷款贴息。农村客运政策引领作用充分发挥，有力推动了西藏乡镇和建制村通客车任务的提前超额完成。

第四章　西藏交通发展促进脱贫攻坚进展

西藏曾是全国"三区三州"中唯一的省级集中连片特困地区，全区整体长期处于深度贫困状态，是全国贫困发生率最高、贫困程度最深、扶贫成本最高、脱贫难度最大的区域，是典型的"贫中之贫、困中之困、难中之难、坚中之坚"。

西藏地广人稀，城乡和区域差距较大，部分农牧区地理位置偏远，雪灾、泥石流等自然灾害频发，交通基础设施建设成本高，施工难度大，要实现基础设施和基本公共服务指标接近全国平均水平难度极大。公路网、铁路网布局、通行能力与内地省份差距巨大，导致西藏平均物价水平和物流成本远远高于内地省份。由于基础设施不发达和运距过长，有时运价超过物价。

西藏产业基础薄弱，农牧民增收渠道单一，抗风险能力不足。虽然近些年人均收入保持较高增速，但农牧民收入仍然在低位徘徊。

由于历史等方面的原因，许多偏远地区长期封闭，与外界脱节，社会发展程度与现代文明还有差距，贫困人口自主创业率、外出务工率都很低。可以说，西藏脱贫攻坚既是经济问题，也是政治问题；既是民生问题，更是民族团结问题。

打赢西藏脱贫攻坚战，既是党中央向西藏下达的艰巨任务，也是西藏向党中央和全国各族人民作出的庄严承诺。在党中央、国务院的特殊关怀下，在中央国家机关和兄弟省份的大力支持下，在一代又一代援藏干部艰苦努力下，西藏自治区党委、政府带领西藏各族人民，扎实推进精准扶贫、精准脱贫工作，西藏已实现62.8万建档立卡贫困人口脱贫，74个县（区）全部脱贫摘帽，绝对贫困基本得到消除，脱贫攻坚任务全面完成，整体脱贫攻坚取得全胜。

农村公路通到哪里，农村客车就通到哪里。西藏交通运输大发展有力地支撑了脱贫攻坚工作的全面胜利。中央第六次西藏工作座谈会以来，西藏交通运输部门在"四好农村路"建设中，苦干实干，致力于把农村公路建设好、管理好、养护好、运营好。公路交通条件的持续改善，有力地带动了西藏美丽乡村建设、旅游业发展、物流业延伸，为脱贫攻坚、促进农牧民转移就业提供了交通保障与支撑。截至目前，全区公路建设累计吸纳54.7万名农牧民群众转移就业，帮助群众增收137.2亿元。以实际行动践行了"决不让一位农民兄弟因交通问题在小康路上掉队"的庄严承诺,让越来越多的农牧民兄弟走上了硬化路、坐上了安全车,参见图1-4-1。

图1-4-1　拉萨至曲水公路安防设施

第二篇　前期工作篇

第一章　危桥、安防调研工作

为全面掌握西藏全区范围农村公路存在的安全隐患和危桥总体情况,西藏交通运输部门在项目实施前,组织技术人员在全区范围开展了深入细致的前期调研工作。

一、排查标准

依据《公路交通安全设施设计规范》(JTG D81—2006)、《公技术状况评定指标》(JTG B20—2007)、《公路路线设计规范》(JTG D20—2006)、《公路交通标志和标线设置规范》(JTG D82—2009)、《公路工程技术标准》(JTG B01—2003)、《公路隧道交通工程设计规范》(JTG/T D71—2004)、《农村公路建设指导意见》(交公路发〔2004〕372号)规定,确定道路交通安全隐患段点排查的标准。

(一)路侧无护栏或护栏存在安全隐患的路段

车辆驶出路外有可能造成二次特大事故的路段必须设置路侧护栏。

凡符合下列情况之一、车辆驶出路外有可能造成单车特大事故或二次重大事故的路段必须设置路侧护栏:

二级及以上等级公路边坡坡度和路堤高度在图2-1-1的Ⅰ区方格阴影范围之内的路段;

路侧有江、河、湖、海、沼泽、航道等水域的路段。

凡符合下列情况之一、车辆驶出路外有可能造成重大事故的路段,应设置路侧护栏:

二级及以上等级公路边坡坡度和路堤高度在图2-1-1的Ⅱ区斜线阴影范围以内的路段;

高速公路、一级公路路侧安全净区内设有车辆不能安全穿越的照明灯、摄像机、可变信息标志、交通标志、路堑支撑壁、声屏障、上跨桥梁的桥墩或桥台等设施路段;

二级及以上等级公路路侧边沟无盖板、车辆无法安全穿越的挖方路段;

三四级公路路侧有悬崖、深谷、深沟等的路段。

凡符合下列情况之一、经论证车辆驶出路外有可能造成一般或重大事故的路段宜

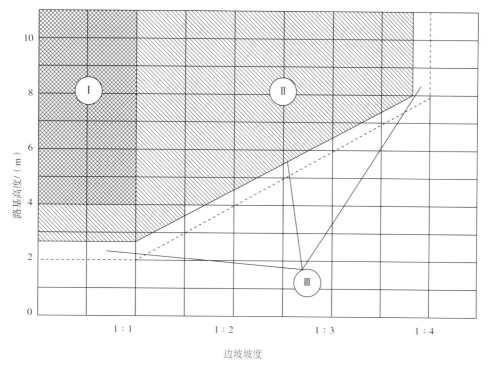

图 2-1-1　边坡高度、路堤高度与设置护栏的关系

设置路侧护栏：

三级及以上等级公路边坡坡度和路堤高度在图 2-1-1 的Ⅲ区内的路段，三、四级公路边坡坡度和路堤高度在图 2-1-1 的Ⅰ区内的路段；

二级及以上等级公路纵坡大于或等于现行《公路工程技术标准》规定的最大纵坡值的下坡路段和连续长下坡路段；

二级及以上等级公路平曲线半径小于现行《公路工程技术标准》规定的一般值最小半径的路段外侧。

（二）急弯路段

平曲线半径（R）小于表 2-1-1 极限值。

公路平曲线半径　　　　表 2-1-1

设计速度（km/h）	120	100	80	60	40	30	20
一般值（m）	1000	700	400	200	100	65	30
极限值（m）	650	400	250	125	60	30	15

（三）陡坡路段

根据公路设计速度，公路纵坡大于表 2-1-2 最大纵坡值。

公路最大纵坡值　　　　　　　　　　　　　　　表 2-1-2

设计速度（km/h）	120	100	80	60	40	30	20
最大纵坡值（%）	3	4	5	6	7	8	10

（四）连续下坡路段

连续下坡长度大于 3km，且平均纵坡值大于 5% 的路段。

（五）视距不良路段

会车视距（L）不满足设计速度要求（表 2-1-3）的路段。

最大会车视距　　　　　　　　　　　　　　　表 2-1-3

设计速度（km/h）	80	60	40	30	20
最大会车视距（m）	150	150	80	80	60

（六）缺乏标志标线路段

在高路堤、陡坡、急弯、临水沿江、傍山险路、悬崖凌空、易塌方等危险路段，未在路侧设置限速、警示、警告标志的；在漫水桥、过水路面等路段未设置警示标志的。

在视距不良的急弯、连续弯道、连续坡道、交叉路口，未设置线形诱导、警告、限速等标志的路段。

连续长陡下坡未设置警示标志的路段。

交通信号灯、交通标志、交通标线等交通设施损毁、灭失，以及设置不规范、不合理等危及交通安全的路段。

占用、挖掘道路施工，道路养护施工未按规定设置安全警示标志、采取防护措施的，以及施工作业完毕未迅速清除道路上的道路障碍物，消除安全隐患的路段。

道路两侧及隔离带上植物或者设置广告牌、管线等，遮路灯、交通信号灯、交通标志，妨碍安全视距的路段。

四级以下道路未设置禁止 9 座以上客运车辆通行标志的路段。

标志标线设置错误的路段。

（七）平面交叉路口

道路平面交叉为斜交，其锐角小于60°的；平面交叉的岔数多于四条的；双向四车道及以上的多车道道路的平面交叉没有完善渠化措施的。

（八）横断面设置不当路段

在同一条路段上，车道数发生变化，形成交通瓶颈；桥梁上的车道数与所在道路车道数不一致；两条相接的道路，车道数一致，但车道未按原来线形延伸，发生错乱。

道路宽度发生突变；宽路接窄桥/隧道/涵洞；宽桥/隧道/涵洞接窄路。

四级下限及以下等级公路未设置错车道。

（九）路面通行条件不良路段

未通过竣工验收或竣工验收不合格，仍在通行社会车辆的已建公路。

大面积存在坑槽、沉陷、拥包、车辙等路面病害，严重影响行车安全的路段。

（十）桥梁安全隐患

接近或超过使用年限，承载能力不足，存在重大安全隐患的桥梁。

多次发生事故、线形标准较低的，且未在相邻路段设置限速标志、警示标志等交通安全设施和标志的桥梁。

设置安全带高度低于30cm的桥梁和未设护栏的桥梁。

（十一）事故多发路段

已发生较大以上道路交通事故，道路安全隐患未整改或整改不到位的路段。

二、安防调研情况

由于西藏地处高原，复杂的地形地貌，恶劣的气候，历史形成以及资金受限等原因，使全区大部分农村公路技术等级低、线形指标差，存在的交通安全隐患里程长。

通过实地调查，农村公路等级多为四级，路基宽度约3.5~6.5m不等。通过对公路交通标志、标线、安全设施的设置以及灾害点进行逐个排查，详细登记不能满足使用要求的安全设施及灾害点所处的桩号、路侧、规格、类型及编号等，并对其进行拍照，确认了公路大都在临河及傍山处铺设展线，沿线相对缺少相应的安防设施，车辆安全通行存在较大的安全隐患。经充分考虑农村公路实际情况和财力，结合"轻重缓急"原则制定合理可行的完善计划，先行解决安全风险等级高的路段，最大程度降低交通事故造成的损失，全面提升公路交通安全保障水平；对存在老旧现象、维修不及时的防护工程及缺少防护工程的路段进行统计，对存在的安全隐患提出完整的整改措施。

国省干线公路等级主要为二、三级，路基宽度为4.5~7.5m不等，大部分路段处于高原台地，平纵指标较好，安防设施相对齐全，但部分路段仍处于高山、峡谷、高寒冻土区，因路面出现不均匀沉降及缺少安防设施，存在较大安全隐患：109国道青海省格尔木市至西藏拉萨市段，是世界上海拔最高的公路之一，也是世界上首例在高寒冻土区全部铺设黑色等级化路面的公路，被称为"世界屋脊上的苏伊士运河"，是西藏公路网中重要组成部分，也是西藏公路主干骨架，更是连接西藏与青海省的重要干线。G109线为国家二级公路干线，全线平均海拔4000m以上，设计速度为60km/h，路基宽度为10m，沿途翻越昆仑山、风火山、唐古拉山、念青唐古拉山四座山口，跨过通天河、沱沱河、楚玛尔河三条大河。玛古塘县镇部分路段位于峡谷地带和高寒冻土区，安全隐患较大。

216国道是西藏自治区公路主干骨架，是连接阿里地区和日喀则的重要干线。216国道在西藏境内起于阿里地区，止于日喀则地区吉隆镇（口岸）；北接G317线，南接G219线。216国道全长1157.33km，设计车速为20km/h，路基宽度为4.5m。日喀则境内地势较为复杂，自然灾害较多，在雨季期间易发生泥石流、滑坡等灾害。阿里境内地势较为平坦，全线整体路况较好，多数为自然道路，沿线自然灾害较少，但夏季易发生水毁灾害。

345国道是西藏自治区公路网规划中的重要组成部分，是西藏自治区公路主干骨架，是连接青海省和西藏那曲地区的重要干线，设计车速为20km/h。K0+000-K232+581为四级砂石路面，路基宽度为4.5m；K232+581-K304+581为四级沥青路面，路基宽度为6.5m。345国道全长304.581km，沿线主要控制点有杂多、白雄乡、聂荣县、色庆乡、尼玛乡、色尼区（G109交界）。那曲境内地势较为复杂，自然灾害较多，在雨季期间易发生泥石流、滑坡等灾害。

214国道是西藏公路主骨架网"三纵、两横、六通道"中北横线的组成部分，是我国西藏地区主要的干线公路之一，是内地与西藏地区经贸交流的重要通道。214国道由青海省囊谦县进入西藏后，纵贯西藏东部的昌都地区，经类乌齐、昌都、益庆、帮达、左贡、芒康等地由盐井出藏入滇。G214线昌都至青海界段地处青藏高原东南的藏东高原区，属横断山脉的北部，主要山脉及河谷走向为北西—南东向，路线所经最高处为吉拉山口，海拔5244m，最低处为昌都县，海拔3250m，平均海拔在4000m左右，沿线山谷的一般高差在700～1200m之间。区内地貌可划分为高山雪原地貌和高山河谷地貌两大地貌单元。其中，高山雪原地貌以冰川地貌为主，高山河谷地貌包括V形河谷地貌和U形河谷地貌。冰川地貌主要分布在朱古拉山、吉拉山海拔4200m以上区域，区内山势较缓，发育有冰蚀U形槽谷、角峰、鳍脊及冰斗等。V形河谷地貌分布在义曲河、节曲河及钟弄河的峡谷地段，其山岭谷地高差一般在500～1200m之间，河谷狭窄，两侧边坡高陡，局部为悬崖陡壁。U形河谷地貌分布在吉曲河段、紫曲河、昂曲河段，河谷相对较宽，一般在100～300m之间，多有河谷盆地和河滩阶地。此次调查显示青海界至隔界河段路线里程总长度为218km，路线沿U形河流阶地布设，路面宽6.5m，为山区二级公路，大多数沥青路面因通行货车较多导致局部为碎石面。经排查，沿线只有转弯半径小于50m的路段才有标志牌，护栏也只有在特别危险路段有，一般危险路段严重缺乏安全设施。

204省道位于西藏中东部，整体呈南北走向，北起丁青县木塔乡，向南经布塔乡，至色扎乡与317国道共线向东至丁青县城、沙贡乡、觉恩乡，折向南经桑多乡进入洛隆县境内，经新荣乡、洛隆县城、卓玛拉措，到波密县境内至倾多镇，向南在卡达桥西与318国道相衔接。路段范围内，地形起伏变化较大，其中色扎至木塔段，平均海拔在4400m左右，海拔最高处木拉山口海拔高程4957m左右；丁青县桑多乡段，平均海拔为3600m左右（图2-1-2）；桑多乡至洛隆县新荣乡断头路段平均海拔4700m左右，最高海拔在5100m左右；新荣乡至卓玛拉措（洛隆县境内）段，平均海拔3700m左右，洛隆县与波密县交界断头路段，平均海拔在4700m左右，最高海拔5100m左右；波密县境内路线平均海拔2700m左右。沿线山谷的一般高差在700～1200m之间，区内地貌可划分为高山雪原地貌和高山河谷地貌两大地貌单元。此次调查显示204省道里程长度为389.6km，路线为高山山地路段，纵坡大、海拔高，路基宽度为6.5～7.5m，主要路面为砂石路面，路侧无排水设施；部分路段山体崩塌，坡脚防护欠缺；部分急弯路段视距差，无标牌，靠河一侧高差较大，严重欠缺安全防护设施。

208省道起于那曲市双湖县，止于日喀则市亚东县。路线起点双湖县位于藏北高原西北部，东邻班戈县，南接申扎，西与改则接壤。路线终点位于喜马拉雅山中段南麓。208省道全长932.233km，除去双湖县至382大桥施工路段（317国道重复）及普当乡至南木林县改建路段，其余为四级砂石路面，路基宽度为4.5m，平均海拔4000m以上。在那曲市及日喀则市境内地势较为复杂，自然灾害较多，雨季期间易发生泥石流、滑坡等自然灾害。

图 2-1-2　昌都项目办现场核对丁青县 204 省道工程量

518 省道起于阿里地区改则县，止于巴嘎乡，是连接巴嘎乡与周边县乡和通往改则县的重要通道，全长 385.11km，为四级砂石路面，且部分路段为自然路。设计速度为 20km/h，路基宽度为 4.5m。阿里境内，地势较为平坦，全线整体路况较好，但路基填土高度低，且多数为自然道路。沿线主要灾害为水毁、雪害，由于排水防护工程缺乏，使路基、路面、桥涵等受损严重。

三、危桥调研情况

危桥改造是交通建设的重要环节，是实现交通运输事业科学发展、安全发展的基本要求，也是关系民心、关乎民生、体现"执政为民"理念的惠民举措，更是服务西藏经济社会跨越式发展和长治久安的必然选择，对于加快解决西藏公路危桥基数庞大问题、全面扭转公路桥梁安全隐患突出态势、有效保障西藏公路网安全畅通具有重要意义。

实地调查显示，西藏急需改造四类、五类危桥 573 座，主要位于农村公路和部分国省干线上。危桥改造项目的实施对维护地方稳定及国防安全、恢复提高公路路网功能、提高公路行车安全、发展地方经济、改善人民群众生活水平都起到了十分重要的作用。如 K0+618 桥，位于拉萨市林周县阿朗乡卡多村，阿朗乡政府所在地的西北方向，距离林周县城约 80km，是阿朗乡村民通往旁多乡以及林周县的重要道路，也是林周县去往阿朗乡的重要道路；两侧桥头引道为沥青路面，路基宽度 6.5m。该路为 2015

年新建；由于各种原因，项目位置的桥未重新修建，成为该路的瓶颈。随着区域经济的快速发展及沿线基础建设的需求提高，当地居民急切需要一座稳固耐用的桥梁来改变现状。

格嘎桥位于西藏林芝市米林县，跨越雅鲁藏布江径流，是Y403线上重要的控制性桥梁，居于海拔2881m处。老桥为悬索桥，全长97m，主要病害为主梁及吊杆锈蚀。老桥建于2003年，由于自身结构原因，主梁锈蚀，承载力低，经鉴定为四类桥，已限载通行，完全不能满足现有交通运输的需求；所跨越的雅鲁藏布江径流来源主要是降水，其次是融雪和地下水，水流湍急。为确保Y403线行人及以后行车安全通畅，对格嘎桥实施改建迫在眉睫，参见图2-1-3和图2-1-4。

乃然桥位于西藏昌都市八宿县县城西侧，原桥梁为一座拱桥，横跨冷曲河，全长43.7m，桥面设计桥宽5m。该桥因多年超荷载使用，且平时缺乏养护和维修，桥梁破损较为严重，原桥设计荷载等级及桥面净宽已不满足现行交通荷载的要求，存在交通隐患。改造可确保群众生命财产不受损失，改善当地农牧民群众生产、生活条件，确保群众生产、生活的正常开展，为当地经济稳步发展提供良好的基础环境，推动当地经济发展，促进农牧民增收。

图2-1-3　老格嘎桥

图 2-1-4　新建格嘎桥动静载检测

日阿嘎 3 号桥位于国道 219 线日喀则市萨嘎县至昂仁县路段（也是新增线路国道 349 察雅至萨嘎公路的一段），属昂仁县境内，地处海拔为 4670m。旧桥梁板存在裂缝且移位，支座脱空，桥墩底部混凝土剥蚀，桥墩有轻微裂缝。尤其是尼泊尔 8.1 级强烈地震以来，该桥破损加剧，大部分桥梁支座、垫石破坏。便道沿河西侧靠山脚布设，平纵指标低，不满足四级公路标准，路面为砂石路面，坑洼不平，平整度极差；单车道通行，局部有错车道。便道起点靠近河道，路基承载力不足（图 2-1-5），部分重车通行时会发生严重沉陷。该段便道通行能力低，且存在一定的安全隐患。解决该危桥存在的安全隐患，可以保证 219 国道的安全顺畅通行，使其充分发挥日喀则市与阿里地区主干道的作用，提高该区域的交通条件。

听曲河桥位于那曲地区安多县，距玛荣乡 19km，距安多县城约 187km，是玛荣乡向外界的唯一交通通道。旧桥为贝雷梁钢架桥，由于桥位处水流湍急、气候湿润，既有桥梁上层槽钢表面有少量锈蚀，但整体完好；部分桥面钢板锈蚀严重，车辆行驶时钢板与纵梁间碰撞声较大，给过往车辆及行人安全带来较大安全隐患。

危桥改造工程急需项目的实施，不但能解决该桥存在的安全隐患，同时也能提高该区域的交通条件，方便村民与外界的联系，有效促进安多县及玛荣乡与外界的物流和商贸交流，对沿线的基础建设和牧业发展也有着积极的促进作用，可以从根本上改变村民的生活水平；同时从长远角度看，也将完善安多县公路网的建设，对地方旅游业的发展有不可估量的推动作用。

图 2-1-5 检测地基承载力

四、调研结论

（一）增加公路安全防护设施

2014年安装安全防护设施、标志标线及边坡防护工程等600km，以后每年至少安装安全防护设施、标志标线及边坡防护工程等2000km。

（二）加快改造公路危桥

西藏在册公路四类、五类桥梁（危桥）总数为996座，2015—2020年逐年消除在册危桥及新增危桥。

第二章 环境评价

一、拉萨市段环境影响分析结论

（一）影响分析

1. 生态环境

提前实施"十三五"公路安防工程和危桥改造工程，拉萨市段有两座桥，涉及尼木—曲水宽谷农业与小气候调节生态功能区（Ⅳ 1-10）和墨竹曲流域牧业与水源涵养生态功能区（Ⅳ 1-17）两个生态区。根据《西藏植被》分区划分来看，两座桥梁基本位于雅鲁藏布江中游谷地亚高山灌丛草原亚区。

两座桥梁位置较为分散，中达桥利用原有道路，无新增永久占地；曲水大桥引线的建设主要占用少量的林地、河滩地和草地。

工程桥址附近群落类型主要有白草群落、藏北蒿草群落、高山蒿草群落和高山柳+小檗群落。桥梁及其引线主要占用少量的河滩地、草地和林地，占用面积均较少，工程建设对植被破坏影响相对较小，对生态环境的影响较小。

根据沿线调查、咨询和收集资料可知，工程桥址附近可见到的野生动物主要有国家和西藏Ⅰ级保护动物黑颈鹤以及国家和西藏Ⅱ级保护动物赤狐、藏原羚、赤麻鸭等。雅鲁藏布江以及拉萨河流域主要有异齿裂腹鱼、拉萨裂腹鱼、拉萨裸裂尻鱼、西藏高原鳅、东方高原鳅等常见高原特有鱼类。

中达桥原址重建，曲水大桥在桥位附近移位新建，桥梁建设均顺接现有道路，桥址区人类活动比较频繁，沿线原有野生动物已经适应这种环境或迁徙远离公路，到别的地方栖息。工程施工期较短，施工影响属于短期的临时影响。施工完毕后，施工影响大多会逐渐消失，野生动物会恢复原有的活动范围。

工程共设置取土场 2 处，石料场 1 处。工程取料必须在指定的取料场内开采。取料场应在划定临时用地范围、明确用地数量的基础上备案，以此作为施工管理的依据，不得随意扩大。如工程确需扩大用地范围或另行开辟取料场，应向当地环保和国土主管部门申请进行相应变更备案。

2. 水环境

工程区域河流主要为雅鲁藏布江水系，跨越雅鲁藏布江和雪绒藏布河支沟。

工程沿线评价范围内居民饮用水取自自打水井，无集中饮用水源保护区。工程区域河流水质基本未受到外界污染，工程区域地表水环境质量良好。

两座桥梁分别跨越雅鲁藏布江和雪绒藏布河支沟，其中曲水大桥有涉水施工。基础施工采用钢板桩围堰法，钢板桩围堰应在枯水期架设，施工结束及时清除围堰内的杂物后对钢围堰进行拆除。

油罐车禁止停放在河边，以防发生泄漏；加强营运期车辆运输管理，对工程跨越河流桥梁设置加强型防撞护栏，并在桥梁两端设置警示牌，提醒过往驾驶员谨慎驾驶。

加强各桥梁路段的环境风险管理，防止污染水体及生态环境事故的发生。曲水大桥应设置桥面径流收集系统，桥梁两端各设置一个事故应急收集池，每个事故应急收集池容量应大于 $50m^3$；并对事故收集池进行围挡。营运期间公路管理部门应定期对事故收集池内的废水和杂物进行清理，保障事故应急收集池可以正常运行。

3. 环境空气

沿线环境空气质量较好。工程施工过程中桥基开挖，桥梁引线路基开挖、平整，路基清理，混凝土搅拌，路面铺装，施工材料的运输、加工、堆放等施工行为以及施工机械废气的排放等都将对环境空气造成污染。

施工期的主要环境空气污染物是 TSP、PM10，其次是沥青烟气和施工机械废气污染物。工程施工期注意控制污染源（施工场地等）与敏感点之间的距离在 300m 以上，经常对路面进行洒水降尘。

加强对热熔型涂料的使用和暂存的管理，在施工过程中对暂存的涂料采用加盖或密闭处理，对热熔型涂料的容器进行集中收集并及时外运至具有相应资质的单位处置。采取防护措施后，工程施工总体来说对环境空气保护目标影响较小。营运期由于车流量较小，对周围环境的空气污染影响较小。

4. 声环境

工程桥址周边共有 3 处声环境敏感点，噪声源主要为当地自然噪声以及生产生活噪声，既有老路车流量较小，工程区域声环境质量良好。

施工建设期间，在沿线村庄路段夜间禁止施工，昼间应合理安排施工工序，避免高噪声设备同时施工；选用低噪声（加装消声装置）设备，选用液压式打桩机，加强设备的维护与管理。由于工程为危桥重建工程，危桥重建完成后，仅改善了所在路段局部的通行状况，不会诱增所在公路的交通量。交通噪声影响为汽车通过时的点状噪声，对周围环境的影响短暂；总体交通噪声对沿线环境的影响较小。通过类比分析可知营运期敏感点均能满足《声环境质量标准》（GB 3096—2008）中相应的要求。

5. 固体废物

工程施工期固体废物主要是少量建筑垃圾及施工人员的生活垃圾。建筑垃圾主要是施工过程中产生的部分废弃建筑材料。对有用的废弃建材进行回收利用，对于混凝土块经加工后用于引线路基填料或引线路基排水等防护工程。对生活垃圾，由各桥梁项目施工单位采用垃圾桶统一收集后，统一清运至桥址区附近的乡镇生活垃圾填埋场集中处理，严禁随意丢弃、污染环境。固体废物处理必须做到严格管理，严禁施工人员随意抛撒垃圾。

营运期固体废物主要为沿线驾乘人员及游客产生的少量生活垃圾。通过加强宣传教育及养护工作，可使生活垃圾产生的量较少。

在采取以上措施后，工程固废对沿线环境影响较小。

（二）评价结论

西藏自治区公路局提前实施"十三五"公路安防工程和危桥改造工程急需项目拉萨市段的实施，对区域路网完善、地方经济发展、社会稳定及国防安全等都具有重要意义。工程在建设过程中严格落实各项环保措施，使对环境的污染得到有效防治和减缓，将工程建设对沿线环境影响降低到最低程度。

二、日喀则市段环境影响分析结论

（一）影响分析

1. 生态环境

提前实施"十三五"公路危桥改造工程，日喀则市段主要生态保护目标为沿线植被及野生动物、西藏白朗年楚河国家湿地公园，涉及日喀则市4个县（区）的7座桥梁，基本位于雅鲁藏布江中游谷地亚高山灌丛草原亚区。

7座桥梁较为分散，均以占用未利用地为主，桥梁两侧的引线均较短。引线的建设主要占用少量的草地或灌木林地。

工程桥址附近群落类型主要有小蒿草群落、白草群落、赖草群落和人工杨树＋柳树林。该工程共有雪布大桥和罗布江孜大桥，两座桥梁位于西藏白朗年楚河国家湿地公园内，涉及湿地公园的管理服务区和生态保育区。另有东嘎大桥位于西藏雅鲁藏布江中游河谷黑颈鹤国家级自然保护区，涉及自然保护区的缓冲区。

根据沿线调查、咨询和收集资料可知，工程桥址附近可见到的野生动物主要有国家和西藏自治区Ⅰ级保护动物黑颈鹤，国家和西藏自治区Ⅱ级保护动物岩羊、藏原羚、赤麻鸭、斑头雁、赤狐等。工程桥址所在流域内可能有的鱼类主要有异齿裂腹鱼、拉萨裂腹鱼、拉萨裸裂尻鱼、西藏高原鳅、东方高原鳅、细尾高原鳅、斑重唇鱼、软刺裸鲤、小眼高原鳅等常见高原特有鱼类。

经环评调整后，工程设置取土场3处。工程取料必须在指定的取料场内开采。取料场应在划定临时用地范围、明确用地数量的基础上备案，以此作为施工管理的依据，不得随意扩大。如工程确需扩大用地范围或另行开辟取料场，应向当地环保和国土主管部门履行变更设计程序。

2. 水环境

工程沿线有雅鲁藏布江、天曲河、年楚河、日阿嘎多雄藏布河、门曲支流等河流。工程沿线居民饮用水取自地下水，无集中饮用水源保护区。工程区域河流水质基本未受到外界污染，工程区域地表水环境质量良好。

工程除一跨而过桥梁无涉水施工外，其余桥梁均有涉水施工。为最大程度降低对沿线河流的影响，建议桥梁施工在枯水期进行；枯水季节重点进行基础、下部构造的施工，同时进行上部梁的预制工作；非枯水季节完成其余所需构件的预制，并进行安装就位、桥面铺装和装修。在施工中要求采用对水流、河床扰动小的围堰法，如钢板桩围堰等；桥墩施工完成后及时清理河道内堆积物，避免堵塞河道，影响河道泄洪。施工期采取以上措施后，工程桥梁建设对沿线河流的影响较小。

3. 环境空气

沿线环境空气质量较好。工程施工过程中路基平整、路基清理，施工材料的运输、加工、堆放等施工行为以及施工机械废气的排放等都将对环境空气造成污染。施工期的主要环境空气污染物是TSP、PM10。

工程施工期注意控制污染源（施工场地等）与敏感点之间的距离在300m以上，经常对路面进行洒水降尘。采取防护措施后，工程施工总体来说对环境空气保护目标影响较小。营运期由于车流量较小，对周围环境的空气污染影响较小。

4. 声环境

工程桥梁及接线段共有2处声环境敏感点。沿线噪声源主要为当地自然噪声以及生产生活噪声，既有老路车流量较小，工程区域声环境质量良好。

在施工建设期间，在雪布大桥相邻的白朗县和雪布村路段夜间禁止施工，昼间应合理安排施工工序，避免高噪声设备同时施工；选用低噪声（加装消声装置）设备，选用液压式打桩机，加强设备的维护与管理。为现场施工人员发放耳塞等防护用品，做好现场人员的教育和劳动保护工作。

工程车流量很小，交通噪声影响为汽车通过时的点状噪声，对周围环境的影响短暂；总体交通噪声对沿线环境的影响较小。通过类比分析可知营运期敏感点均能满足《声环境质量标准》（GB 3096—2008）中相应的要求。

5. 固体废物

工程施工期固体废物主要是生活垃圾和生产废料，如废弃混凝土构件和拆迁旧桥产生的建筑垃圾。能够回收利用的尽量回收利用；不能回收利用的规范收集后分别运至桥梁所在的公路临近的旧料场或者取弃土场，规范弃置。禁止将建筑垃圾直接弃于沿线河流，避免污染水体。油棉纱等机械修理产生的固体废物，同生活垃圾一起运至各桥梁所在乡镇垃圾填埋场处理。固体废物处理必须做到严格管理，严禁施工人员随意抛撒垃圾。

营运期固体废物主要为沿线驾乘人员及游客产生的少量生活垃圾。通过加强宣传教育及养护工作，可使生活垃圾产生的量较少。

在采取以上措施后，工程固废对沿线环境影响较小。

（二）评价结论

提前实施"十三五"公路危桥改造工程日喀则市段，对发展区域经济，确保群众出行安全、改善区域交通条件，维护国家领土完整和社会局势稳定都具有极其重要的作用。因此，工程的建设尤为迫切和必要。罗布江孜大桥和雪布大桥位于西藏白朗年楚河国家湿地公园内，东嘎大桥位于西藏雅鲁藏布江中游河谷黑颈鹤国家级自然保护区内，工程在建设过程中将会对沿线环境以及生态敏感区产生不同程度影响，但在严格落实环评报告表提出的各项环保措施后，工程对环境的污染可得到有效防治和减缓，使工程建设对沿线环境影响降低到最低程度。在认真落实国家和西藏相应环保法规、政策，严格执行环保"三同时"制度的情况下，从环境保护角度考虑，工程的建设是可行的。

三、那曲市段环境影响分析结论

（一）影响分析

1. 生态环境

提前实施"十三五"公路危桥改造工程，那曲地区段主要生态保护目标为沿线灌丛草甸植被及野生动物。工程所涉及的桥梁分布在昂仁—措勤—尼玛接合带湖盆区牧业适度发展与高寒生物多样性保护生态功能区（Ⅴ1-7）等10个生态区内，其中位于尼玛县、申扎县、色尼区、安多县、双湖县的桥梁主要分布于南羌塘高原草原亚区；位于嘉黎县、比如县、索县、聂荣县和巴青县的桥梁主要分布于藏东北高山灌丛草甸区。

工程桥位群落类型主要有紫花针茅群落、藏北蒿草群落、小蒿草群落、高山蒿草群落、垫状金露梅群落、变色锦鸡儿群落、大果圆柏群落。

根据沿线调查、咨询和收集资料可知，工程桥址附近可见到的野生动物主要有国家和西藏Ⅰ级保护动物黑颈鹤、藏羚、藏野驴等；国家和西藏Ⅱ级保护动物藏马鸡、岩羊、藏原羚、兔狲、猞猁、高山兀鹫、大鵟、斑头雁、赤麻鸭等。

由于该工程是对老路上原有桥梁进行改造，沿线分布有村庄和牧场，人类活动比较频繁，沿线原有野生动物已经适应这种环境或迁徙远离公路，到别的地方栖息。而且该工程施工期较短，施工影响属于短期的临时影响，施工完毕后，施工影响大多会逐渐消失，野生动物会恢复原有的活动范围。

综上所述，该工程仅是对现有公路危桥的改造，工程完成后基本恢复现有公路现状。因此，与既有公路运营情况相比，该工程的建设不会对沿线区域内野生动物造成显著影响。

该工程共设置8处自采石料场、12处自采砂砾料场。工程取料必须在指定的取料场内开采。取料场应在划定临时用地范围、明确用地数量的基础上备案，以此作为施工管理的依据，不得随意扩大。如工程确需扩大用地范围或另行开辟取料场，应向当地环保和国土主管部门履行变更设计程序。

2. 水环境

工程沿线有索曲、桑曲、麦地藏布等河流，均为常年流水，水量水位受大气降水和季节性冰雪融水的影响，水量比较丰富，水质较好，工程可直接取用。工程建设不涉及居民饮用水水源地保护区。该工程130座桥梁中的北麓河大桥等71座桥梁有涉水施工，其余桥梁均一跨而过或因水面较窄，无涉水施工。

3. 环境空气

沿线环境空气质量较好。工程施工过程中路基平整、路基清理，施工材料的运输、加工、堆放等施工行为以及施工机械废气的排放等都将对环境空气造成污染。施工期的主要环境空气污染物是TSP、PM10。工程施工期注意控制污染源（施工场地等）与敏感点之间的距离在300m以上，经常对路面进行洒水降尘。采取防护措施后，工程施工总体来说对环境空气保护目标影响较小。营运期由于车流量较小，对周围环境的空气污染影响较小。

4. 声环境

工程桥梁及接线段共有23处声环境敏感点。沿线噪声源主要为当地自然噪声以及生产生活噪声，既有老路车流量较小，工程区域声环境质量良好。

5. 固体废物

工程施工期固体废物主要是生活垃圾和生产废料，如废弃混凝土构件和拆迁旧桥产生的建筑垃圾。对于拆迁产生的桥梁建筑垃圾，如拆迁废弃钢筋、钢板等钢材等应进行集中收集和回收利用；对不能回收利用的固体废物如混凝土块建议就近运至远离水体的低洼处填埋处理，并做好防护措施。禁止将建筑垃圾直接弃于沿线河流，避免污染水体。油棉纱等机械修理产生的固体废物，同生活垃圾一起运至各桥梁所在乡镇垃圾填埋场处理。固体废物处理必须做到严格管理，严禁施工人员随意抛撒垃圾。

营运期固体废物主要为沿线驾乘人员及游客产生的少量生活垃圾。通过加强宣传教育及养护工作，可使生活垃圾产生的量较少。

在采取以上措施后，工程固废对沿线环境影响较小。

（二）评价结论

提前实施"十三五"公路危桥改造工程那曲地区段的实施将改善当地农村的交通状况，为当地经济发展带来促进作用。工程在建设过程中将会对沿线环境产生不同程度影响，但在严格落实环评报告表提出的各项环保措施后，工程对环境的污染可得到有效防治和减缓，使工程建设对沿线环境影响降低到最低程度。

四、林芝市段环境影响分析结论

（一）影响分析

1. 生态敏感区

提前实施"十三五"公路危桥改造工程，林芝市段大来桥、杰果桥、雪村桥位于西藏色季拉国家森林公园；东久桥位于雅鲁藏布大峡谷国家级自然保护区实验区；杰果桥、卧龙桥、孜拉1号桥、孜拉2号桥、扎绕6号桥、普大1号桥、普大2号桥、墨都桥位于西藏工布自然保护区实验区；南来2号桥和南来4号桥位于西藏工布自然保护区缓冲区；巴朗4桥和雪卡桥位于西藏工布自然保护区核心区。此15座桥梁建设占地较小，不会对自然保护区和森林公园的生态环境及物种多样性等产生明显影响，对自然保护区和森林公园主要保护野生动物、自然景观等的影响较小。

2. 生态环境

工程涉及加查—朗县谷地农业与土壤保持生态功能区（Ⅱ1-7）等7个生态区，分属《西藏植被》划分的雅鲁藏布江中游谷地亚高山灌丛草原亚区（图2-2-1）、雅鲁藏布江中下游常绿阔叶林亚区、东喜马拉雅热带常绿雨林区。

工程所涉及的桥梁较为分散，均以占用原有老路为主；桥梁两侧的引线均较短，引线的建设主要占用少量的草地、林地。

工程桥位群落类型主要有林芝云杉群系、川滇高山栎群系、绢毛蔷薇群系、青藏苔草群系、披碱草群系、沙棘群系、小檗群系、巨柏群系、山杨群系、小果紫薇+葱臭木+麻楝群系和人工杨树+柳树林。

根据沿线调查、咨询和收集资料可知，该工程桥址区域可能见到的野生动物主要有国家和西藏Ⅰ级保护动物马麝；国家和西藏Ⅱ级保护动物黑熊、藏马鸡、血雉、灰背隼、红隼、黄喉貂、豺、雀鹰、斑头雁、赤麻鸭、金猫、小灵猫、小爪水獭、熊猴、大鼯鼠、赤狐等。鱼类有黑斑裂腹鱼、高原鳅、纹胸鳅、扁头鮡、尖裸鲤、横口裂腹鱼、双腹重唇鱼、异齿裂腹鱼、巨须裂腹鱼、双须叶须鱼、裸腹叶须鱼、高原裸鲤、墨脱裂腹鱼、墨脱纹胸鳅、东方高原鳅、弧唇裂腹鱼、凿齿鳅、藏鮡等常见高原特有鱼类分布。

工程桥梁建设均顺接既有道路，桥址区人类活动比较频繁，沿线原有野生动物已经适应这种环境或迁徙远离公路，到别的地方栖息。而且该工程施工期较短，施工影响属于短期的临时影响，施工完毕后，施工影响大多会逐渐消失，野生动物会恢复原有的活动范围。

桥梁及其引线主要占用少量的林地、未利用地和草地，占用面积均较少，工程建设对植被破坏影响相对较小，对生态环境的影响较小。

工程设置取土场1处，砂石料均为商业购买。工程取料必须在指定的取料场内开采。取料场应在划定临时用地范围、明确用地数量的基础上备案，以此作为施工管理的依据，不得随意扩大。如工程确需扩大用地范围或另行开辟取料场，应向当地环保和国土主管部门履行变更设计程序。

3. 水环境

工程区域河流主要为尼洋河支流、尼洋河、鲁朗河、开河、东久河、洛木河、里

图 2-2-1 雅鲁藏布大峡谷区域自然环境

龙扑曲、普曲河、小朗曲、巴朗曲、登木河、登木河支流、巴龙河、季河、嘎贡河支流、工字隆河、拉多河、洛龙沟、雅鲁藏布江、贡日嘎布曲支流、素若曲河和嘎隆河，水量水位受大气降水和季节性冰雪融水的影响，水量比较丰富，水质较好，工程可直接取用。

工程玉如岗桥桥址东北方向60m处的山坡上为卓岗村分散式饮用水源。此水源未划分保护范围，且位于桥梁所跨河流上游北侧的山坡处。工程施工可能对其造成污染的原因为施工期间向其附近倾倒施工废水和生活污水、在其附近堆放施工废渣和生活垃圾。因此在施工期间应采取以下措施保证当地村民正常的生活用水和饮水安全：

做好对饮用水源的保护工作，在其周围拉置彩旗以起到警示作用，防止施工期间对其造成破坏；禁止在其附近堆放施工废料和生活垃圾；禁止在其附近排放施工废水和生活污水；禁止在水渠中抽取施工用水。

工程区域河流水质基本未受到外界污染，工程区域地表水环境质量良好。

工程中杰果桥、巴朗4桥、卧龙桥、孜拉1号桥、孜拉2号桥、扎绕6号桥、南来2号桥、南来4号桥、普大1号桥、普大2号桥、墨都桥、雪卡桥和东久桥等13座桥梁位于西藏工布自然保护区和雅鲁藏布大峡谷国家级自然保护区（图2-2-2），另外

图2-2-2 大峡谷区域洁净的水环境

拉丁雪桥、酷龙桥、白坡章桥和新扎村大桥跨越河流均为Ⅱ类水体，其中杰果桥、巴朗4桥、拉丁雪桥和新扎村大桥存在涉水施工，建议桥梁施工应在枯水期进行；枯水季节重点进行基础、下部构造的施工，同时进行上部梁的预制工作；非枯水季节完成其余所需构件的预制，并进行安装就位、桥面铺装和装修。

在施工中建议采用对水流、河床扰动小的围堰法，如钢板桩围堰等；桥墩施工完成后应及时清理河道内堆积物，避免堵塞河道、影响河道泄洪。

4. 环境空气

沿线环境空气质量较好。工程施工过程中桥基开挖，桥梁引线路基开挖、平整，路基清理，混凝土搅拌，路面铺装，施工材料的运输、加工、堆放等施工行为以及施工机械废气的排放等都将对环境空气造成污染。施工期的主要环境空气污染物是TSP、PM10，其次是沥青烟气和施工机械废气污染物。

工程施工期注意控制污染源（施工场地等）与敏感点之间的距离在300m以上，经常对路面进行洒水降尘。加强对热熔型涂料的使用和暂存的管理，在施工过程中对暂存的涂料采用加盖或密闭处理，对热熔型涂料的容器进行集中收集并及时外运至具有相应资质的单位处置。

采取防护措施后，工程施工总体来说对环境空气保护目标影响较小。营运期由于车流量较小，对周围环境的空气污染影响较小。

5. 声环境

工程沿线有8处声环境敏感点。沿线噪声源主要为当地自然噪声以及生产生活噪声，既有老路车流量较小，工程区域声环境质量良好。

施工建设期间，在沿线村庄路段夜间禁止施工，昼间应合理安排施工工序，避免高噪声设备同时施工；选用低噪声（加装消声装置）设备，选用液压式打桩机，加强设备的维护与管理。为现场施工人员发放耳塞等防护用品，做好现场人员的教育和劳动保护工作。

工程为危桥改造工程，建设完成后对所在道路的交通量基本不会产生大的影响。交通噪声影响为汽车通过时的点状噪声，对周围环境的影响短暂；总体交通噪声对沿线环境的影响较小。通过类比分析可知营运期敏感点均能满足《声环境质量标准》（GB 3096—2008）中相应的要求。

6. 固体废物

工程施工期固体废物主要是生活垃圾和生产废料，如废弃混凝土构件和拆迁旧桥产生的建筑垃圾。对于拆迁产生的桥梁建筑垃圾，如拆迁废弃钢筋、钢板等钢材等应进行集中收集和回收利用。对不能回收利用的固体废物如混凝土块建议就近运至桥梁附近弃土场处理。没有设置弃土场的桥梁工程场所需另寻低洼处填埋，并做好防护措施。

禁止将建筑垃圾直接弃于沿线河流，避免污染水体。油棉纱等机械修理产生的固体废物，同生活垃圾一起运至各桥梁所在乡镇垃圾填埋场处理。固体废物处理必须做到严格管理，严禁施工人员随意抛撒垃圾。

营运期固体废物主要为沿线驾乘人员及游客产生的少量生活垃圾。通过加强宣传教育及养护工作，可使生活垃圾产生的量较少。

在采取以上措施后，工程固废对沿线环境影响较小。

（二）评价结论

提前实施"十三五"公路危桥改造工程，林芝市段属于西藏自治区公路局提前实施"十三五"公路安防工程和危桥改造工程急需项目的一部分，项目的实施对区域路网完善、地方经济发展、社会稳定及国防安全等都具有重要意义。该工程大来桥、杰果桥、雪村桥位于西藏色季拉国家森林公园，杰果桥、卧龙桥、孜拉1号桥、孜拉2号桥、扎绕6号桥、普大1号桥、普大2号桥、墨都桥、南来2号桥、南来4号桥、巴朗4桥和雪卡桥位于西藏工布自然保护区，东久桥位于雅鲁藏布大峡谷国家级自然保护区，相关主管部门已分别回函同意工程建设。工程在建设过程中将会对沿线环境产生不同程度影响，但在严格落实环评报告表提出的各项环保措施后，工程对环境的污染可得到有效防治和减缓，使工程建设对沿线环境影响降低到最低程度。在工程认真落实国家和西藏自治区相应环保法规、政策，严格执行环保"三同时"制度的情况下，从环境保护角度考虑，工程的建设是可行的。

五、昌都市段环境影响分析结论

（一）影响分析

1. 生态环境

提前实施"十三五"公路危桥改造工程，昌都市段有19座桥，涉及八宿山原河谷农牧业与土壤保持生态功能区（Ⅱ2-5）、察雅—贡觉河谷盆地农牧业开发与土壤保持生态功能区（Ⅱ2-6）、江达高原谷地牧业与土壤保持生态功能区（Ⅱ2-4）、昌都—类乌齐山原特色牧业开发与马鹿、雪豹生物多样性保护生态功能区（Ⅱ2-3）和芒康滇金丝猴生物多样性保护与特色农林产业及生态旅游业生态功能区（Ⅱ3-2）5个生态区。

根据《西藏植被》分区划分来看，该工程所涉及的19座桥梁基本位于横断山脉北部山原峡谷山地灌丛亚区。19座桥梁桥址较为分散，永久占地均以占用河滩地为主；桥梁两侧的引线均较短，引线的建设主要占用少量的草地、耕地或灌木林地。

工程桥址附近群落类型主要有白草群落、高山蒿草群落、白刺花群落、小檗群落、高山柳群落、细裂叶莲蒿群落、川西云杉林和人工柳树林等。桥梁及其引线主要占用少量的灌木林地、河滩草地和耕地，占用面积均较少。工程建设对植被破坏影响相对较小，对生态环境的影响较小。

根据沿线调查、咨询和收集资料可知，该工程桥址附近可见到的野生动物主要有国家Ⅰ级保护动物雪豹等，国家Ⅱ级保护动物岩羊、藏原羚、藏雪鸡、高山兀鹫、大䴓等，西藏Ⅱ级保护动物赤狐、赤麻鸭、斑头雁、雉鸡等。

怒江水系中的鱼类主要有怒江裂腹鱼、裸腹叶须鱼、裸裂尻鱼、异尾高原鳅、细尾高原鳅等，澜沧江水系中的鱼类主要有长须裂腹鱼、短须裂腹鱼、澜沧裂腹鱼、裸腹叶须鱼、裸裂尻鱼、姚氏高原鳅、细尾高原鳅等，金沙江水系中的鱼类主要有长须裂腹鱼、短须裂腹鱼、四川裂腹鱼、裸腹叶须鱼、裸裂尻鱼、姚氏高原鳅等。

工程所涉河流水体中的鱼类均为当地常见鱼类，无重要保护鱼类；经咨询有关专家，在桥位段评价范围内未发现鱼类三场和洄游通道分布。

工程19座桥梁中有14座位于原址重建，其余5座在桥位附近移位新建，桥梁建设均顺接既有道路，桥址区人类活动比较频繁，沿线原有野生动物已经适应这种环境或迁徙远离公路，到别的地方栖息。而且该工程施工期较短，施工影响属于短期的临时影响，施工完毕后，施工影响大多会逐渐消失，野生动物会恢复原有的活动范围。

经环评调整后，该工程设置取土场12处，弃土场6处。工程取弃土在指定的场所作业。取弃土场应在划定临时用地范围、明确用地数量的基础上备案，以此作为施工管理的依据，不得随意扩大。如工程确需扩大用地范围或另行开辟取弃土场，应向当地环保和国土主管部门申请进行相应变更备案。

2. 水环境

工程区域河流主要为怒江、澜沧江和金沙江的支流水系，跨越的河流主要有怒江支流冷曲、玉曲河、扎曲等，金沙江支流字曲等，澜沧江支流色曲等。该工程沿线评价范围内居民饮用水取自山泉水或自打水井，无集中饮用水源保护区。工程区域河流水质基本未受到外界污染，工程区域地表水环境质量良好。

工程6座桥梁有涉水施工，其中所跨越的河流常年流水且水量相对较大者，建议其涉水施工桥墩采用钢板桩围堰法进行施工，钢板桩围堰应在枯水期架设，以降低桥墩基础施工对地表水的影响；施工结束及时清除围堰内的杂物后对钢围堰进行拆除。其余所跨越河流的水量季节性特点十分明显，枯水期常有断流情况出现，建议桥墩基础施工尽量选择在枯水期；如桥梁基础施工在枯水期无法完成，应在雨季来临之前筑好土围堰。土围堰对水环境影响较小，仅在施工期对所在河流的水文情势产生一定的影响。施工结束后应及时清理围堰内杂物等，在枯水期对土围堰进行拆除，平整土地。

另外，无涉水施工桥梁的基础施工也应尽量选择在枯水期进行。桥梁基础开挖、开钻时，要在附近设泥浆沉淀池，避免钻出的渣土直接排入河流水域内。桥梁下部结构施工对水体的影响只是暂时的；随着施工的结束，该影响将自动消失。路基施工时，严禁施工废水直接流入沿线河流，对水生生物产生影响。

3. 环境空气

沿线环境空气质量较好。工程施工过程中桥基开挖，桥梁引线路基开挖、平整，路基清理，混凝土搅拌，路面铺装，施工材料的运输、加工、堆放等施工行为以及施工机械废气的排放等都将对环境空气造成污染。

施工期的主要环境空气污染物是TSP、PM10，其次是沥青烟气和施工机械废气污染物。工程施工期注意控制污染源（施工场地等）与敏感点之间的距离在300m以上，经常对路面进行洒水降尘。

加强对热熔型涂料的使用和暂存的管理，在施工过程中对暂存的涂料采用加盖或密闭处理，对热熔型涂料的容器进行集中收集并及时外运至具有相应资质的单位处置。

采取防护措施后，工程施工总体来说对环境空气保护目标影响较小。营运期由于车流量较小，对周围环境的空气污染影响较小。

4. 声环境

工程各桥址周边有7处声环境敏感点，噪声源主要为当地自然噪声以及生产生活噪声，既有老路车流量较小，工程区域声环境质量良好。

施工建设期间，在沿线村庄路段夜间禁止施工，昼间应合理安排施工工序，避免高噪声设备同时施工；选用低噪声（加装消声装置）设备，选用液压式打桩机，加强设备的维护与管理。

工程为危桥改造工程，危桥改造完成后，仅改善了所在路段局部的通行状况，不会诱增所在公路的交通量。交通噪声影响为汽车通过时的点状噪声，对周围环境的影响短暂；总体交通噪声对沿线环境的影响较小。通过类比分析可知营运期敏感点均能满足《声环境质量标准》（GB 3096—2008）中相应的要求。

5. 固体废物

工程施工期固体废物主要是少量建筑垃圾及施工人员的生活垃圾。建筑垃圾主要是施工过程中产生的部分废弃建筑材料。对有用的废弃建材进行回收利用，桥梁拆除产生的混凝土块等应尽量用于桥梁引线工程路基填料或桥梁护坡护岸工程防护；不能利用的混凝土块运至工程取弃土场填埋处置。生活垃圾由各桥梁项目施工单位采用垃圾桶统一收集后，统一清运至桥址区附近的乡镇生活垃圾填埋场集中处理，严禁随意丢弃、污染环境。固体废物处理必须做到严格管理，严禁施工人员随意抛撒垃圾。

营运期固体废物主要为沿线驾乘人员及游客产生的少量生活垃圾。通过加强宣传教育及养护工作，可使生活垃圾产生的量较少。

在采取以上措施后，工程固废对沿线环境影响较小。

（二）评价结论

提前实施"十三五"公路危桥改造工程，昌都市段属于西藏自治区公路局提前实施"十三五"公路安防工程和危桥改造工程急需项目的一部分。项目的实施对区域路网完善、地方经济发展、社会稳定及国防安全等都具有重要意义。工程在建设过程中将会对沿线环境产生不同程度影响，但在严格落实环评报告表提出的各项环保措施后，工程对环境的污染可得到有效防治和减缓，使工程建设对沿线环境影响降低到最低程度。在工程认真落实国家和西藏自治区相应环保法规、政策，严格执行环保"三同时"制度的情况下，从环境保护角度考虑，工程的建设是可行的。

六、山南市段环境影响分析结论

（一）影响分析

1. 生态敏感区

提前实施"十三五"公路危桥改造工程，山南市段桑日大桥、泽当大桥、泥巴桥、格那桥、林堆桥、洛村桥、布那1号桥、堆随1号桥、温色2号桥、龙桥等桥梁涉及雅砻河风景名胜区，其中桑日大桥、泽当大桥位于雅砻河风景名胜区的一级保护区B

类区域，洛村桥位于区域保护地带，泥巴桥、格那桥、林堆桥、布那1号桥、堆随1号桥、温色2号桥等均位于外围保护地带。

10座桥梁建设占地较小，不会对风景名胜区的生态环境及物种多样性等产生明显影响；对风景名胜区主要景观资源、生态系统、野生动物等的影响较小。

2. 生态环境

根据《西藏自治区生态功能区划综合报告》，该工程共有14座桥涉及墨竹曲流域牧业与水源涵养生态功能区（Ⅳ1-17）、拉萨—贡嘎—扎囊宽谷灌溉农业重点发展与防洪、防风固沙生态区（Ⅳ1-11）、泽当—曲松宽谷灌溉农业重点发展与防洪和小气候调节生态功能区（Ⅳ1-12）、加查—朗县谷地农业与土壤保持生态功能区（Ⅱ1-7）和洛扎雄曲上游谷地农牧业与生物多样性保护和水源涵养生态功能区（Ⅳ2-6）5个生态区。

根据《西藏植被》分区划分来看，该工程所涉及的桥梁中措美县1座、隆子县1座，桥梁桥址区位于藏南山原湖盆高山草原、灌丛亚区的隆子—措美小区；乃东区2座、贡嘎县2座、扎囊县1座、措美县1座、隆子县1座、加查县2座、桑日县2座、曲松县3座，桥梁桥址区位于雅鲁藏布江中游谷地亚高山灌丛草原亚区的泽当—日喀则小区。

工程所涉及的14座桥梁较为分散，新建桥梁均以占用原有道路和草地为主，桥梁两侧的引线均较短，引线的建设主要占用少量的草地、耕地或林地。工程桥址附近群落类型主要有杨树、人工柳、水柏枝、白草等群落。

根据沿线调查、咨询和收集资料可知，该工程位于措美县的古龙桥桥址区附近，可见到的野生动物有国家Ⅱ级保护动物藏原羚、岩羊、藏马鸡、灰背隼等，河流中的鱼类主要有拉萨裂腹鱼、东方高原鳅等。位于隆子县的热荣二号桥桥址区附近可见到的野生动物有国家Ⅰ级保护动物云豹，国家Ⅱ级保护动物猕猴、小熊猫、藏马鸡、岩羊、燕隼等；鱼类主要有异齿裂腹鱼、巨须裂腹鱼、双须叶须鱼、裸腹叶须鱼、高原裸鲤、东方高原鳅等。其余桥梁均位于山南市雅鲁藏布江中游及两岸支流，各桥址区可见到的野生动物有国家Ⅰ级保护动物白唇鹿，国家Ⅱ级保护动物藏马鸡、棕熊、岩羊、苍鹰、猞猁等，西藏自治区Ⅱ级保护动物斑头雁、赤麻鸭等；鱼类主要有异齿裂腹鱼、拉萨裂腹鱼、拉萨裸裂尻鱼、西藏高原鳅、东方高原鳅等。

根据沿线调查、咨询和收集资料可知，工程沿线河流中的鱼类均为当地常见鱼类，无重要保护鱼类；经咨询有关专家，在桥位段评价范围内未发现鱼类三场和洄游通道分布；工程桥址附近均有村庄分布，人类活动比较频繁，沿线原有野生动物已经适应这种环境或迁徙至远离公路的地方栖息；各桥址建设区附近岩羊、藏原羚等野生动物出现概率较少，沿线河流内偶尔有斑头雁、赤麻鸭等鸟类活动。

工程 14 座桥梁中，桑日大桥、泽当大桥两座桥梁为移位新建，原桥保留，图 2-2-3 为泽当大桥所在区域的自然环境；泥巴桥、格那桥、林堆桥 3 座桥梁为拆除后原址重建项目；洛村桥、古龙桥、热荣 2 号桥、巴雪 1 号桥、巴雪 2 号桥、布那 1 号桥、堆随 1 号桥、温色 2 号桥、龙桥 9 座桥梁为维修加固项目。

桥梁建设均顺接既有道路；而且工程施工期较短，施工影响属于短期的临时影响，施工完毕后，施工影响大多会逐渐消失，野生动物会恢复原有的活动范围。桥梁及其引线主要占用少量的林地、草地和耕地，占用面积均较少；工程建设对植被破坏影响相对较小，对生态环境的影响较小。

经环评调整后，该工程设置取土场 1 处。工程取弃土必须在指定的土场内进行，取土场应在划定临时用地范围、明确用地数量的基础上备案，以此作为施工管理的依

图 2-2-3　泽当大桥所在区域的自然环境

据，不得随意扩大。如工程确需扩大用地范围或另行开辟取土场，应向当地环保和国土主管部门进行申请变更备案。

3. 水环境

工程区域河流主要为雅鲁藏布江及其支流和洛扎雄曲支流、隆子雄曲支流等河流。工程沿线评价范围内居民饮用水取自山泉水或自打水井，无集中饮用水源保护区。工程区域河流水质基本未受到外界污染，工程区域地表水环境质量良好。

工程14座桥梁跨越河流，其中两座桥梁（桑日大桥、泽当大桥）有涉水施工，桥墩施工应采用钢板桩围堰法，施工结束及时清除围堰内的杂物后对钢围堰进行拆除，参见图2-2-4和图2-2-5。

建议其余桥梁尽量选择在枯水期施工，桥涵基础开挖、开钻时，要在附近设泥浆沉淀池，避免钻出的渣土直接排入河流水域内。

建议老桥拆除选择在枯水期，桥梁上部结构拆除时避免废料洒落水中。桥墩桥台拆除采用土围堰，避免施工对河流水体产生直接影响；桥梁基础拆除应彻底；施工结束后及时对土围堰内的杂物进行清理，对土围堰进行拆除。油罐车禁止停放在河边，以免发生泄漏。

4. 环境空气

沿线环境空气质量较好。工程施工过程中桥基开挖，桥梁引线路基开挖、平整，

图2-2-4　原桑日大桥旁，工程机械在桁架式贝雷梁钢栈桥上进行新桥建设

图 2-2-5　对水环境友好的泽当大桥施工

路基清理，混凝土搅拌，路面铺装，施工材料的运输、加工、堆放等施工行为以及施工机械废气的排放等都将对环境空气造成污染。施工期的主要环境空气污染物是 TSP、PM10，其次是施工机械废气污染物。

工程施工期注意控制污染源（施工场地等）与敏感点之间的距离在 300m 以上，经常对路面进行洒水降尘。加强对热熔型涂料的使用和暂存的管理，在施工过程中对暂存的涂料采用加盖或密闭处理，对热熔型涂料的容器进行集中收集并及时外运至具有相应资质的单位处置。

采取防护措施后，工程施工总体来说对环境空气保护目标影响较小。营运期由于车流量相对较小，对周围环境的空气污染影响较小。

5. 声环境

工程沿线有两处声环境敏感点，噪声源主要为当地自然噪声以及生产生活噪声，既有老路车流量较小，工程区域声环境质量良好。

施工建设期间，在沿线村庄路段夜间禁止施工，昼间应合理安排施工工序，避免高噪声设备同时施工；选用低噪声（加装消声装置）设备，选用液压式打桩机，加强设备的维护与管理。

工程为危桥改造工程，改造完成后仅改善所在路段局部的通行状况，不会诱增所在公路的交通量，交通噪声影响为汽车通过时的点状噪声，对周围环境的影响短暂，总体交通噪声对沿线环境的影响较小。

通过类比分析可知，营运期敏感点均能满足《声环境质量标准》（GB 3096—2008）中相应的要求。

6.固体废物

工程施工期固体废物主要是少量建筑垃圾及施工人员的生活垃圾。建筑垃圾主要是施工过程中产生的部分废弃建筑材料及土石方。对其中有用的钢板、钢材、钢筋等安排专人集中收集后回收利用。对于工程桥台或混凝土桥梁拆除产生的混凝土块等应尽量利用，用于桥梁护岸等边坡防护等；不能利用的运至各桥梁相应的取弃土场填埋处理；对无取弃土场设置的桥梁拆除产生的建筑垃圾选择远离风景名胜区、湿地公园和水体的低洼处填埋处理，填埋点的选择应征得当地环保、国土等相关部门同意，并做好回覆表土等相关措施。

建议生活垃圾由各桥梁项目施工单位采用垃圾桶统一收集后，统一清运至桥梁附近的城镇生活垃圾填埋场集中处理，严禁随意丢弃、污染环境。固体废物处理必须做到严格管理，严禁施工人员随意抛撒垃圾。

营运期固体废物主要为沿线驾乘人员及游客产生的少量生活垃圾。通过加强宣传教育及养护工作，可使生活垃圾产生的量较少。

在采取以上措施后，工程固废对沿线环境影响较小。

（二）评价结论

提前实施"十三五"公路危桥改造工程，山南市段属于西藏自治区公路局提前实施"十三五"公路安防工程和危桥改造工程急需项目的一部分，项目的实施对区域路网完善、地方经济发展、社会稳定及国防安全等都具有重要意义。该工程有10座桥梁涉及雅砻河风景名胜区，相关主管部门已回函同意工程建设。工程在建设过程中将会对沿线环境产生不同程度影响，但在严格落实环评报告表提出的各项环保措施后，工程对环境的污染可得到有效防治和减缓，使工程建设对沿线环境影响降低到最低程度。

在工程认真落实国家和西藏相应环保法规、政策，严格执行环保"三同时"制度的情况下，从环境保护角度考虑，工程的建设是可行的。

第三章 水土保持方案

一、水土保持方案设计简况

根据《中华人民共和国水土保持法》及水利部、国家发改委、原国家环保总局联合发布的《开发建设项目水土保持管理办法》，水利部令第5号《开发建设项目水土保持方案编报审批管理规定》等法律、规章的要求，2017年4月，通过招标，西藏自治区公路局确认湖北省水利水电规划勘测设计院为提前实施"十三五"公路危桥改造工程水土保持方案报告书的编制单位。湖北省水利水电规划勘测设计院依据水利部水保〔2007〕184号文件《关于严格开发建设项目水土保持方案审查审批工作的通知》对各桥梁做了进一步的审核，组织工程技术人员对各桥梁现场进行了勘察，收集了项目区有关社会经济、水土保持等方面的资料，在分析研究的基础上，依据《施工图资料》，于2017年10月最终完成了《提前实施"十三五"公路危桥改造工程水土保持方案报告书》的编制。

二、项目区概况

项目共涉及7个地级行政区、66个县级行政区。

（一）地貌

西藏为喜马拉雅山脉、昆仑山脉和唐古拉山脉所环抱，大致可分为喜马拉雅高山区，藏南谷地，藏北高原和藏东高山峡谷区。

（二）地层

桥址区属高原湖盆地区或高原洪积宽谷盆地区，地形总体较为平缓，地貌形态单一。各桥址区地层及岩性差异较大，桥址区及附近出露地层最上层以第四系（Q）坡积、冲积、洪积、残积的松散堆积物为主，下部有侏罗系中上统拉贡塘组、侏罗系中统桑卡拉佣组、侏罗系中统马里组二段、侏罗系布曲组、侏罗系下统日当组、三叠系上统粉砂质泥岩、三叠系上统涅如群板岩、三叠系下统普水桥组灰岩、第三系上统乌郁群、第三系下统达多群、石炭系上统朗玛日群、白垩系上统竟柱山组、白垩系下统卧荣沟组等多种地层。

（三）气候

项目所在地气候有高原温带半干旱季风气候、高原温带半湿润季风气候、高原温带干旱性气候以及高原亚寒带季风半湿润、半干旱气候区。例如：林芝市的巴宜区、工布江达县、米林县、朗县属于高原温带半湿润季风气候区，多年平均气温 9.1～11℃，多年平均降水量 600～655.5mm，多年平均蒸发量 1811～2546.2mm，年日照时数 2016～2300h，年≥0℃的积温 3100～3220℃，多年平均无霜期 150～175d，多年平均风速 1.8～2.1m/s；那曲市的安多县、尼玛县、班戈县、巴青县、比如县、色尼区、嘉黎县属于高原亚寒带季风半湿润、半干旱气候区，多年平均气温 -4～2.9℃，多年平均降水量 160～650mm，多年平均蒸发量 1552～1987.2mm，年日照时数 2400～3000h，年≥0℃的积温 850～2018℃，多年平均无霜期 0～100d，多年平均风速 2.7～4.5m/s。

（四）土壤

项目所在地土壤为高山草原土和高山草甸土，其中以高山草原土为主。

（五）植物

项目区植物较复杂，例如：林芝市植物资源丰富，具有热带、亚热带、暖温带、寒温带和湿润、半湿润气候带的各种森林植被；山南市各县市植物系属高寒草甸、草原植被，生长的植被主要以耐寒高山蒿草为建群种；昌都市植被区系属高寒山地植被，植被以灌丛草场和草甸为主；那曲市植物区系属高寒草甸、草原区，群落类型主要有高山蒿草群落、藏北蒿草群落等。

（六）水土流失

项目区水土流失以轻、中、强烈侵蚀为主；沿线植被生态极其脆弱，局部地区没有植被，完全裸露，加之土壤以砂性土为主，因此，在工程建设过程中，若不注意对自然环境的保护，水土流失有加剧的可能。例如，昌都市以冻融侵蚀、水力侵蚀为主；林芝市以水力侵蚀为主，那曲市以冻融侵蚀、风力侵蚀为主。

根据 2006 年 4 月 29 日水利部公告第 2 号《关于划分国家级水土流失重点防治区的公告》和 2013 年 8 月 12 日水利部办公厅水保〔2013〕188 号《关于印发〈全国水土保持规划国家级水土流失重点预防区和重点治理区复核划分成果〉的通知》，工布江达县、巴宜区、米林县、朗县、加查县、隆子县、桑日县、曲松县、乃东县、措美县、扎囊县、贡嘎县等 12 个县涉及雅鲁藏布江中下游国家级水土流失重点预防区，江达县、芒康县涉及金沙江、岷江上游及三江并流国家级水土流失重点预防区；根据西藏自治区人民政府《关于划分水土流失重点防治区的公告》，项目涉及的昌都市的类乌齐县、卡若区、八宿县3个县区处于水土流失重点监督区，那曲市的安多县、尼玛县、班戈县、巴青县、色尼区属于西藏划定的水土流失重点预防保护区，其余县区均属于西藏划定的水土流失重点治理区，项目区容许土壤流失量为500t/（km²·a）。经测算项目占地范围内原生平均土壤侵蚀模数为2060t/（km²·a）。

三、水土保持设计、防治标准

设计水平年为工程完工后第1年，即2021年。项目中共有167个危桥改造项目水土流失防治执行建设类项目一级标准，38座危桥改造项目水土流失防治执行建设类项目二级标准。

项目总体防治目标为：工程完工后，扰动土地整治率达到94.4%，水土流失总治理度达到92.4%，设计水平年土壤流失控制比达到0.8，拦渣率达到95%，林草植被恢复率达到96%，林草覆盖率达23.1%。

四、主体工程水土保持分析与评价结论

该项目主要是对既有危桥进行改造，完善桥梁引线工程。桥位明确，路线方案唯一，不进行主体设计方案比选。项目位于国家级水土流失重点预防区和省级水土流失重点预防区及重点治理区，且无法避让；通过水土保持方案提高防治标准，严格控制扰动地表和植被损坏范围，减少工程占地，对施工管理与施工工艺提出明确要求。各桥梁桥址区不属于泥石流易发区、崩塌滑坡危险区以及易引起严重水土流失和生态恶化的区域；通过采取措施，项目造成的水土流失可控，对区域生态环境影响较小。通过现场调查及查阅相关资料可知，项目沿线不占用全国水土保持监测网络中的水土保持监测站点、重点试验区，亦未占用国家确定的水土保持长期定位观测站，项目建设可行。

有3个危桥改造项目穿越西藏色季拉国家森林公园，12个危桥改造项目穿越西藏工布自然保护区（其中杰果桥同时涉及西藏色季拉国家森林公园），8个危桥改造项目穿越西藏雅砻河风景名胜区，楚玛尔桥穿越可可西里国家级自然保护区，北麓河桥、杂隆那多桥、曲卓卓孔玛桥、曲卓卓夏玛桥、县曲河桥5个危桥改造项目穿越三江源国家级自然保护区，格玛桥、佳琼桥、布那热卡桥、昂曲2号桥4个危桥改造项目穿越纳木错自然保护区，错亚桥穿越色林错黑颈鹤国家级自然保护区，巴荣桥、查曲桥、

K2+055 桥 3 个危桥改造项目穿越纳木错—念青唐古拉山风景名胜区，乌琼桥、麦地河 2 号桥、措董桥、查仓桥 4 个危桥改造项目穿越麦地卡湿地自然保护区。

对位于生态敏感区内的危桥改造工程，进行主体设计时按照自然保护区的要求，除必要的保通便道外，不在保护范围内新修其他施工便道。必要的施工生产生活区、临时堆放场均在工程建设永久征地范围内布设，不新增临时用地。保护区内均不布设弃渣场、取土场、石料场和砂砾料场。需要取料或弃渣的，均考虑外购或在保护区外选择合适的渣料场。工程建设对各生态敏感区及其主要保护对象的影响较小，对区域生态环境影响较小，满足保护区相关管理单位要求。

该项目属于《公路工程项目建设用地指标》中的Ⅲ类地形区的二、三、四级公路，项目用地小于总体指标限值，满足用地指标的要求。

该项目为危桥改造工程，从土石方调配利用角度分析，对单个危桥改造工程而言，引线路基基础挖方大部分用于路基回填（不足部分从沿线路基填料场借方处理，参见图 2-3-1），产生少量永久弃渣，挖方利用率高。此阶段主体设计的土石方平衡的思路和方法符合水土保持技术规范的要求，是基本可行和合理的，充分利用了开挖料，尽量减少弃渣量。

图 2-3-1　日喀则市东嘎大桥碾压台背回填

主体工程设计和水土保持方案增加了表土剥离措施，保护了表土资源，同时减少了因工程建设而新增的水土流失，是符合水土保持法和水土保持技术规范要求的。

该项目大部分弃渣回填取土场，既能满足景观、生态要求，又能减少临时占地面积。对于不能回填的，设置弃渣场集中堆放；弃渣场的布置基本符合水土保持要求，整体上是合理的。

该项目沿线设置了自采土料场、自采石料场、自采砂砾料场。料场均不在崩塌和滑坡危险区、泥石流易发区内，避开了植被良好区，减轻了对植被的破坏。料场的布置基本符合水土保持要求，整体上是合理的。

从主体工程施工组织设计可知，石料、砂料、路基填筑料的购买，遵守水土保持法律法规，选择当地具有开采资质的正规料场，符合水土保持要求。主体设计的施工组织、方法及工艺对于减少工程的水土流失以及危害具有预防性的作用，符合水土保持技术规范的要求。主体工程设计中的路堤防护工程、排水工程等均能够满足此阶段水土保持技术要求，都具有一定的水土保持功能。主体工程设计的路基排水设施、表土剥离等措施投入作为主体工程具有水土保持功能的投资计入水土保持投资中。但由于设计的侧重点及设计阶段的制约，该项目仍然存在一些容易引起水土流失的薄弱环节，特别是各工程区的沉沙措施、临时堆料和表土的拦挡及苫盖等临时防护措施，需补充相应的水土保持防护措施。

水土流失责任范围主要包括项目建设区和直接影响区两个方面。

根据上述工程建设可能产生的水土流失预测结果，并结合已建工程水土流失防治与水土保持监测进行综合分析，该工程的水土流失在时间上的突出特征是集中在施工建设期，在空间上的突出特征是以引线工程区和土料场区为主。所以，上述区域是该项目水土流失的防治难点和重点，也是水土保持监测的重点。

五、水土流失防治分区与措施总体布局

此次危桥改造工程涉及范围较广，根据调查，桥址区地形总体属于高原河谷地貌，地貌类型基本相同。项目各危桥桥址区的水土流失类型不完全一致。该项目从项目相对位置、气候特征以及水土流失类型等方面进行一级分区，划分为藏东温带半干旱冻融、水蚀区（Ⅰ区），藏南温带半湿润水蚀区（Ⅱ区），藏南温带干旱性冻融、水蚀区（Ⅲ区），藏北亚寒带半湿润半干旱冻融、风蚀区（Ⅳ区）。在此基础上，根据主体工程布局、设计和施工的特点以及项目的防治责任范围，进一步划分引线工程防治区、桥

梁工程防治区、弃渣场防治区、土料场防治区、石料场防治区、砂砾料场防治区、临时堆放场防治区、施工生产生活防治区及施工便道防治区九个水土流失防治二级分区。

根据水土流失预测结果及水土保持分区，该项目水土流失防治措施布置总体思路确定为：以防治水土流失、恢复植被、改善项目沿线的生态环境、保护主体工程正常安全运行为目的；以对周边环境和安全不造成负面影响为出发点；以引线工程防治区、土料场防治区为重点，同时配合主体工程设计中已有的水土保持设施进行综合规划，布设水土流失防治措施体系。

（一）引线工程防治区

施工前，剥离占地范围内的表土，并运至临时堆放场集中堆放；路基两侧设排水边沟，排水沟末端设置沉沙池；施工期间，填方路基下边坡采取袋装土临时拦挡，对临时开挖堆土采用防护网苫盖；施工结束后，将表土回覆至路基边坡，并采取草皮护坡、植草防护、撒播草籽或砾石压盖，路基两侧采取绿化措施，Ⅰ区及Ⅱ区引线种植行道树。

（二）桥梁工程防治区

施工前，在涉水桥梁桥台下边坡布设袋装土临时拦挡；桥梁基础施工时，设置泥浆池，对桥台锥体边坡采取防护网苫盖；施工结束后，拆除围堰及临时拦挡，并对桥下施工迹地进行土地整治，撒播草籽，恢复植被。

（三）弃渣场防治区

施工前，对占地范围内的表土进行剥离，在周边设置截排水沟及沉沙池等排水措施，坡脚及坡面设置挡渣墙；施工期间，临时堆土采取袋装土拦挡、防护网苫盖防护措施；施工结束后，回覆表土，进行土地整治，Ⅰ区种植灌木，林下撒播草籽，Ⅱ区种植乔木，林下撒播草籽，其他防治区直接撒播草籽防护。

（四）土料场防治区

取土前，剥离占地范围内的表土，集中堆放在场地一侧，并采取临时拦挡和防护网苫盖措施；在料场周边设截排水沟、沉沙池及顺接排水沟等排水措施；施工结束后，将工程产生的弃渣回填土料场采坑，回覆表土；对占用旱地的土料场整地复耕，对占用其他用地的土料场进行土地整治，Ⅰ区种植灌木，林下撒播草籽，Ⅱ区种植乔木，林下撒播草籽，其他防治区直接撒播草籽防护。

（五）石料场防治区

施工前，在料场下边坡布设石笼网挡墙；取料过程中，对废料采取临时拦挡、苫盖等防护措施；取料完毕后，废方回填，进行土地平整。

（六）临时堆放场防治区

施工期间，对临时堆放的土方采取袋装土拦挡及防护网苫盖措施，Ⅰ区及Ⅱ区临时堆放场周边布设排水系统，Ⅳ区部分生态环境恶劣地区设计无纺土工布铺底；施工结束后，对占用旱地的堆放场整地复耕，对占用其他用地的堆放场进行土地整治，并撒播草籽，恢复植被。

（七）施工生产生活防治区

施工前，剥离占地范围内的表土，集中堆放在场地一侧，并采取临时拦挡和防护网苫盖措施；部分生态环境恶劣地区在场地周边设彩条旗防护栏，其他区域的施工场地在周边布设临时排水沟、顺接排水沟及沉沙池等排水措施。施工结束后，清除硬化层，运至指定区域弃置；对占用旱地的施工场地整地复耕，对占用其他用地的施工场地进行土地整治，并撒播草籽，恢复植被。

（八）施工便道防治区

涉水保通道路一侧布设排水沟，出口处设置沉沙池；其他道路两侧设彩条旗防护栏。施工结束后，疏松碾压层，进行土地整治并撒播草籽，恢复植被；部分生态环境恶劣地区直接采取砾石压盖。

（九）水土保持监测

该项目水土流失防治责任范围即为水土保持监测的范围，包括引线工程防治区、桥梁工程防治区、弃渣场防治区、土料场防治区、石料场防治区、砂砾料场防治区、临时堆放场防治区、施工生产生活防治区及施工便道防治区。水土保持方案中，水土保持监测时段总体取2018年4月至2021年3月共36个月。监测内容主要包括：主体工程建设进度、工程建设扰动土地面积、水土流失灾害隐患、水土流失及造成的危害、水土保持工程建设情况、水土流失防治效果、水土保持工程设计的落实情况、水土保持管理工作情况等。监测方法主要有巡查法、调查法、地面观测法。根据实际情况在不同的监测区域进行调查监测，全面了解和掌握区域水土流失情况。该项目水土保持监测必须全程驻地监测。在施工前，进行一次全面调查，综合判断该区水土流失背景值。施工过程中，对正在实施的水土保持措施建设情况、扰动地表面积、水土保持工程措施拦挡效果、主体工程建设进度、水土流失影响因子、水土保持植物措施实施情况和效果等至少每3个月监测一次；遇到暴雨和大风等情况时应加测，每年监测频次不少于4次。林草恢复期对实施的水土保持措施建设情况、水土保持植物措施的实施情况和效果每4个月监测一次,每年不少于2次。

六、水土保持工作经验

(一)进展及成效

西藏高原属高寒草甸和草原区,水土保持能力差,水土流失问题较为严重。近50年来,通过植树造林和兴修水利等综合措施,特别是近年来,根据西藏独特的气候和自然条件,优先在重点治理区、城镇周边、人口密集区、江河源头区、饮用水源区和水源涵养区,开展小流域综合治理、生态修复、坡耕地水土流失治理工程,项目区选择愈加科学合理;在项目建设思路上,突出"尊重自然规律、尊重群众需求、尊重民风民俗、尊重科学技术",措施配置和建设内容更加贴近民生。具有西藏特色、不同区域特点的水土流失综合治理技术路线正逐步形成。全自治区重点区域水土流失面积进一步减少,植被覆盖率大幅提高,区域生态环境得到进一步改善。

(二)主要经验

自然封育和人工播种相结合,可有效增加河滩地、河岸沙丘的植被覆盖率。在零星分布有草、灌木等自然植被的区域,由于土壤贫瘠、砂地条件差,人工造林难度大。根据项目区水土保持经验,这些区域一般进行5年左右的封育后,砂生槐、紫花针茅、高山蒿草、披碱草、变色锦鸡儿等植被就能生长起来。在自然封育的过程中辅以人工直播一些灌木和牧草种子,治理效果更好,能有效提高该区域的植被覆盖率。

应注意保护各施工迹地剥离的地表植被,用于植被恢复。西藏地区地形复杂,交通不便,购买植物一般在项目所在县市区或拉萨市进行。因此考虑到运距、采购费用等经济因素,一些生产建设项目宜在施工过程中,根据气候、植被生长的情况等,将施工迹地剥离的表层覆盖率较高的地表土集中保存起来,待各施工迹地施工结束后进行植被恢复。通过实施植被保护工作,不仅减少了水土保持植物措施投资,同时也使恢复后的地表植被与周边环境有机结合,对于保护生态环境具有积极作用。

应根据实际情况,布置适当的水土保持治理措施。由于西藏多数生产建设项目地质条件恶劣,或者没有充足的水源,采取植物措施投资较大,成活率较低,需要对植物措施等加强后期管护;同时根据实际情况,采取工程防护措施和临时防护措施,如拦渣墙、浆砌片石护坡、截排水工程等。

根据现场勘察,日喀则和阿里地区已完工的多条公路改建工程在整治建设中采取的防护措施值得借鉴:

工程措施方面：在路堑开挖边坡坡脚和下边坡修建挡土墙；开挖侧坡脚设浆砌石排水沟；在坡顶及坡脚沿等高线设截水沟，坡面设排洪沟，采用浆砌片石衬砌，通过桥涵与自然水系对接。

植物措施方面：项目区草种主要有紫花针茅、披碱草等固砂植物，树种有砂生槐等少量灌木，在建设中对临时用地及路基边坡等进行植物防护可有效减少建设过程中水土流失。

临时措施方面：临时堆料场周边采用袋装土临时拦挡，防止开挖土石滚落和松散料滑塌的效果明显；对松散建筑材料采取临时覆盖，防风效果显著；在施工场地及施工道路周边设置明显标志，防止施工人员及车辆越界作业，可以有效控制施工期间对原地貌的扰动。

第三篇 施工准备篇

第一章 建设依据

西藏公路安全生命防护工程建设依据：西藏自治区交通运输厅《关于全区提前实施“十三五”公路安全生命防护工程急需项目（第一批）一阶段施工图设计文件的批复》（藏交发〔2017〕64 号）文件，以及公路局批复各养管单位实施的相关多份文件，参见图 3-1-1。

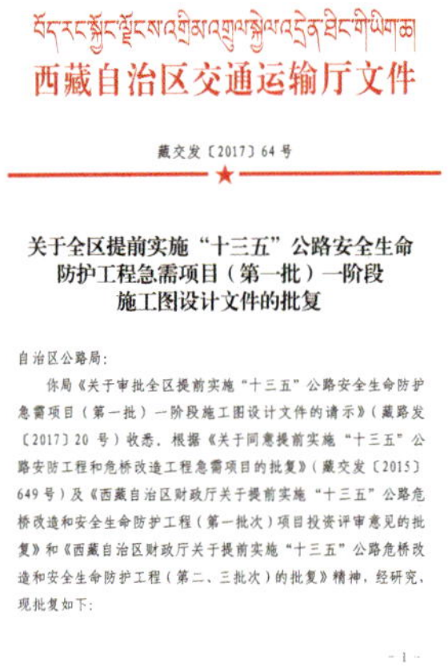

བོད་རང་སྐྱོང་ལྗོངས་འགྲིམ་འགྲུལ་སྐྱེལ་འདྲེན་ཐིང་གི་ཡིག་ཆ།

西藏自治区交通运输厅文件

藏交发〔2017〕64 号

关于全区提前实施“十三五”公路安全生命防护工程急需项目（第一批）一阶段施工图设计文件的批复

自治区公路局：

你局《关于审批全区提前实施“十三五”公路安全生命防护急需项目（第一批）一阶段施工图设计文件的请示》（藏路发〔2017〕20 号）收悉，根据《关于同意提前实施“十三五”公路安防工程和危桥改造工程急需项目的批复》（藏交发〔2015〕649 号）及《西藏自治区财政厅关于提前实施“十三五”公路危桥改造和安全生命防护工程（第一批次）项目投资评审意见的批复》和《西藏自治区财政厅关于提前实施“十三五”公路危桥改造和安全生命防护工程（第二、三批次）的批复》精神，经研究，现批复如下：

- 1 -

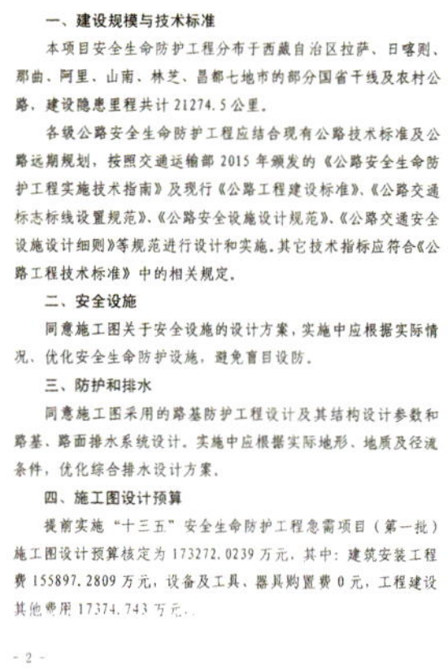

一、建设规模与技术标准

本项目安全生命防护工程分布于西藏自治区拉萨、日喀则、那曲、阿里、山南、林芝、昌都七地市的部分国省干线及农村公路，建设隐患里程共计 21274.5 公里。

各级公路安全生命防护工程应结合现有公路技术标准及公路远期规划，按照交通运输部 2015 年颁发的《公路安全生命防护工程实施技术指南》及现行《公路工程建设标准》、《公路交通标志标线设置规范》、《公路安全设施设计规范》、《公路交通安全设施设计细则》等规范进行设计和实施。其它技术指标应符合《公路工程技术标准》中的相关规定。

二、安全设施

同意施工图关于安全设施的设计方案，实施中应根据实际情况、优化安全生命防护设施，避免盲目设防。

三、防护和排水

同意施工图采用的路基防护工程设计及其结构设计参数和路基、路面排水系统设计。实施中应根据实际地形、地质及径流条件，优化综合排水设计方案。

四、施工图设计预算

提前实施“十三五”安全生命防护工程急需项目（第一批）施工图设计预算核定为 173272.0239 万元，其中：建筑安装工程费 155897.2809 万元，设备及工具、器具购置费 0 元，工程建设其他费用 17374.743 万元。

- 2 -

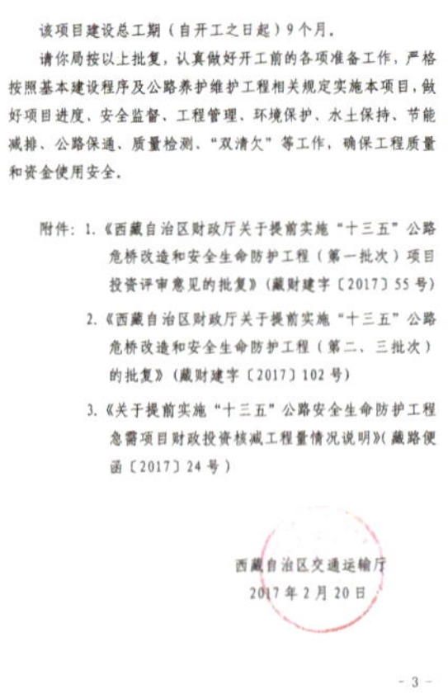

该项目建设总工期（自开工之日起）9 个月。

请你局按以上批复，认真做好开工前的各项准备工作，严格按照基本建设程序及公路养护维护工程相关规定实施本项目，做好项目进度、安全监督、工程管理、环境保护、水土保持、节能减排、公路保通、质量检测、“双清欠”等工作，确保工程质量和资金使用安全。

附件：1.《西藏自治区财政厅关于提前实施“十三五”公路危桥改造和安全生命防护工程（第一批次）项目投资评审意见的批复》（藏财建字〔2017〕55 号）

2.《西藏自治区财政厅关于提前实施“十三五”公路危桥改造和安全生命防护工程（第二、三批次）的批复》（藏财建字〔2017〕102 号）

3.《关于提前实施“十三五”公路安全生命防护工程急需项目财政投资核减工程量情况说明》（藏路便函〔2017〕24 号）

西藏自治区交通运输厅

2017 年 2 月 20 日

- 3 -

图 3-1-1 《关于全区提前实施“十三五”公路安全生命防护工程急需项目（第一批）一阶段施工图设计文件的批复》（藏交发〔2017〕64 号）

西藏公路危桥改造工程建设依据：西藏自治区交通运输厅《关于提前实施"十三五"公路危桥改造工程急需项目（第一批）一阶段施工图设计文件的批复》（藏交发〔2017〕63号）和《关于提前实施"十三五"公路危桥改造工程急需项目一阶段施工图设计文件的批复》（藏交发〔2017〕348号）文件，公路局《关于提前实施"十三五"公路危桥改造工程急需项目泽当大桥等6座桥梁一阶段施工图设计文件的批复》（藏路发〔2017〕205号）文件，以及公路局批复各养管单位实施的多份相关文件，参见图3-1-2～图3-1-4。

图3-1-2　《关于提前实施"十三五"公路危桥改造工程急需项目（第一批）一阶段施工图设计文件的批复》（藏交发〔2017〕63号）

西藏自治区交通运输厅文件

藏交发〔2017〕348号

关于提前实施"十三五"公路危桥改造工程急需项目一阶段施工图设计文件的批复

自治区公路局：

你局《关于审批全区提前实施"十三五"公路危桥改造工程急需项目一阶段施工图设计文件的请示》（藏路发〔2017〕145号）收悉。根据《关于同意提前实施"十三五"公路安防工程和危桥改造工程急需项目的批复》（藏交发〔2015〕649号）、《西藏自治区财政厅关于提前实施"十三五"公路危桥改造和安全生命防护工程（第一批次）项目投资评审意见的批复》和《西藏自治区财政厅关于提前实施"十三五"公路危桥改造和安全生命防护工程（第二、三批次）的批复》，经研究，现批复如下：

一、建设规模与技术标准

本项目危桥改造分布在西藏自治区拉萨、日喀则、那曲、阿里、山南、林芝、昌都七地（市）部分国省干线及农村公路，危桥改造共计40座/2406.7米，其中大桥6座/933.04米、中桥23/1225.37米、小桥11座/248.28米。

本项目危桥改造工程应结合原公路技术标准及公路远期规划，按照交通运输部现行《公路桥涵设计通用规范》及《公路钢筋混凝土及预应力混凝土桥涵设计规范》。其它技术指标应符合《公路工程技术标准》中的相关规定。

二、桥梁

同意施工图采用的桥型、下部构造和孔跨布置及附属设施。

三、施工图设计预算

提前实施"十三五"公路危桥改造急需项目施工图设计预算核定为271890141.6元，其中：建筑安装工程费237358580.4元，设备及工具、器具购置费0元，工程建设其他费用34531561.2元。

本项目建设总工期（自开工之日起）大桥：16个月；中、小桥：12个月。

请你局按以上批复，认真做好开工前的各项准备工作，严格按照基本建设程序及公路养护维护工程相关规定实施本项目，做好项目进度、安全监督、工程管理、环境保护、水土保持、节能减排、公路保通、质量检测、"双清欠"等工作，确保工程质量和资金使用安全。

附件：1.西藏自治区财政厅关于提前实施"十三五"公路危桥改造和安全生命防护工程（第一批次）项目投资评审意见的批复
2.西藏自治区财政厅关于提前实施"十三五"公路危桥改造和安全生命防护工程（第二、三批次）的批复

图3-1-3 《关于提前实施"十三五"公路危桥改造工程急需项目一阶段施工图设计文件的批复》（藏交发〔2017〕348号）

西藏自治区公路局文件

藏路发〔2017〕205号

关于提前实施"十三五"公路危桥改造工程急需项目泽当大桥等6座桥梁一阶段施工图设计文件的批复

局公路危桥改造与公路安全生命防护工程项目办:

你办《关于审批提前实施"十三五"公路危桥改造程急需项目泽当大桥等6座桥梁一阶段施工图设计的请示》(藏路危桥安防工程发〔2017〕74号)收悉。根据《关于同意提前实施"十三五"公路危桥改造和公路安全生命防护工程急需项目的批复》(藏交发〔2015〕649号)、《关于同意提前实施"十三五"公路危桥改造工程项目的批复》(藏交发〔2016〕34号)和《西藏自治区财政厅关于提前实施"十三五"公路危桥改造和安全生命防护工程项目(第二、三批次)的批复》(藏财建字〔2017〕102号)精神,经研究,现批复如下:

一、建设项目规模与技术标准

本项目危桥改造分布于西藏自治区拉萨市、日喀则市和山南市,此次急需实施危桥改造工程共6座/2301延米,均为大桥。

本项目危桥改造工程应结合原公路技术标准及公路远期规划,按照交通运输部现行《公路桥涵设计通用规范》及《公路钢筋混凝土及预应力混凝土桥涵设计规范》标准执行,其它技术指标应符合《公路工程技术标准》中的相关规定。

二、桥梁

同意施工图采用的桥型、下部构造和孔跨布置及附属设施。

三、施工图预算

本项目施工图设计预算核定为30872.7435万元,其中:建安费27598.1462万元,设备及工具、器具购置费0元,工程建设其他费用3274.5972万元。

四、建设工期

本项目建设工期(自开工之日起)24个月。

请你办认真做好开工前期各项准备工作,严格按照基本建设程序及公路养护维护工程相关规定实施本项目,做好项目进度、安全监督、工程管理、环境保护、水土保持、节能减排、公路保通、质量检测、"双清欠"等工作,确保工程质量和资金使用安全。

附件:提前实施"十三五"公路危桥改造工程急需项目泽当大桥等6座桥梁一阶段工程项目清单表

2017年8月7日

抄送:工程计划设备管理处、财务审计处,局领导。

西藏自治区公路局办公室　　2017年8月7日印发

图3-1-4　《关于提前实施"十三五"公路危桥改造工程急需项目泽当大桥等6座桥梁一阶段施工图设计文件的批复》(藏路发〔2017〕205号)

第二章 主要技术指标

公路安全生命防护工程的主要技术指标结合既有公路技术标准及公路建设远期规划，按照交通运输部2015年颁发的《公路安全生命防护工程实施技术指南》及《公路工程建设标准》《公路交通标志和标线设置规范》《公路交通安全设施设计规范》《公路交通安全设施设计细则》等规范进行设计和实施。其他技术指标皆符合《公路工程技术标准》中的相关规定。

公路危桥改造工程主要技术指标结合原公路技术标准及公路建设远期规划，按照交通运输部现行《公路桥涵设计通用规范》及《公路钢筋混凝土及预应力混凝土桥涵设计规范》进行设计和实施。其他技术指标皆符合《公路工程技术标准》中的相关规定。

第三章 投资及标段划分

一、项目投资及来源

公路安全生命防护工程方面,《关于全区提前实施"十三五"公路安全生命防护工程急需项目（第一批）一阶段施工图设计文件的批复》（藏交发〔2017〕64号）涉及的总投资为173272.0239万元,建筑安装工程费为155897.2809万元,资金来源为PSL农发行贷款、中央车辆购置税地方补助资金和投融资款。

公路危桥改造工程方面,《关于提前实施"十三五"公路危桥改造工程急需项目（第一批）一阶段施工图设计文件的批复》（藏交发〔2017〕63号）涉及的总投资为120077.5807万元,建筑安装工程费为103746.1674万元;《关于提前实施"十三五"公路危桥改造工程急需项目一阶段施工图设计文件的批复》（藏交发〔2017〕348号）涉及的总投资为27189.01416万元,建安费为23735.85804万元;《关于提前实施"十三五"公路危桥改造工程急需项目泽当大桥等6座桥梁一阶段施工图设计文件的批复》（藏路发〔2017〕205号）所涉及的总投资为30872.7435万元,建安费为27598.1462万元。资金来源为PSL农发行贷款、中央车辆购置税地方补助资金和农行贷款。

二、标段划分

公路安全生命防护工程共划分10个施工合同段,第一合同段合同总价为8916.0076万元,变更后为8845.7046万元;第二合同段合同总价为8005.4591万元,变更后为8018.5167万元;第三合同段合同总价为8850.0804万元,变更后为8825.446万元;第四合同段合同总价为8261.0227万元,变更后为9397.362万元;第五合同段合同总价为7914.1818万元,变更后为7884.3164万元;第六合同段合同总价为5772.5141万元,变更后为5832.1367万元;第七合同段合同总价为5933.319万元,变更后为6487.8021万元;第八合同段合同总价为6516.0064万元,变更后为6953.6959万元;第九合同段合同总价为7110.8103万元,变更后为7095.4451万元;投融资及施工总承包全一合同段合同总价为83766.6705万元,变更后为82876.7391万元。

公路危桥改造工程共划分 8 个施工合同段，分别为第一合同段合同总价为 17223.0039 万元，变更后为 8845.7046 万元；第二合同段合同总价为 14027.7166 万元，变更后为 8018.5167 万元；第三合同段合同总价为 17316.307 万元，变更后为 8825.446 万元；第四合同段合同总价为 16426.261 万元，变更后为 8261.0227 万元；第五合同段合同总价为 17856.9812 万元，变更后为 7884.3164 万元；第六合同段合同总价为 16513.0484 万元，变更后为 5832.1367 万元；第七合同段合同总价为 18695.1612 万元，变更后为 6487.8021 万元；第八合同段合同总价为 26756.6148 万元，变更后为 6953.6959 万元。

公路安全生命防护工程和公路危桥改造工程共同划分 6 个监理合同段。

《关于全区提前实施"十三五"公路安全生命防护工程急需项目（第一批）一阶段施工图设计文件的批复》（藏交发〔2017〕64 号）、《关于提前实施"十三五"公路危桥改造工程急需项目（第一批）一阶段施工图设计文件的批复》（藏交发〔2017〕63 号）、《关于提前实施"十三五"公路危桥改造工程急需项目一阶段施工图设计文件的批复》（藏交发〔2017〕348 号）和《关于提前实施"十三五"公路危桥改造工程急需项目泽当大桥等 6 座桥梁一阶段施工图设计文件的批复》（藏路发〔2017〕205 号）所涉及的组织机构及各参建单位如图 3-3-1 和表 3-3-1、表 3-3-2 所示。

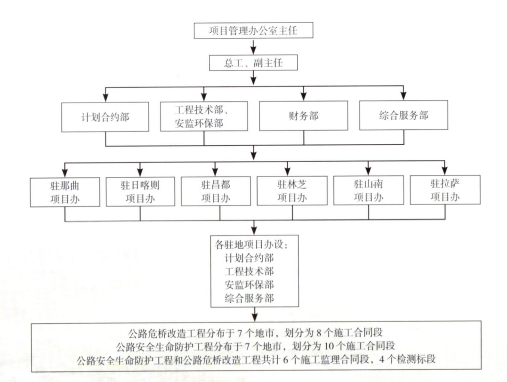

图 3-3-1　项目管理组织机构图

公路安全生命防护工程参建单位一览表

表 3-3-1

建设单位	西藏自治区公路局
咨询单位	中交公路规划设计院有限公司 招商局重庆交通科研设计院有限公司
设计单位	西藏自治区交通勘察设计研究院 中交第一公路勘察设计院有限公司 中交第二公路勘察设计院有限公司
检测单位	四川振通公路检测咨询有限公司 四川正达检测技术有限公司
监理单位	深圳高速工程顾问有限公司 西安方舟工程咨询有限责任公司 铁科院（北京）工程咨询有限公司 西藏圣通路桥监理咨询有限公司
施工单位	邢台路桥建设总公司（西藏燕赵建设工程有限公司） 西藏天宇交通有限公司 湖南环达公路桥梁建设总公司（西藏天泽土木工程有限公司） 山西路桥建设集团有限公司（西藏德海路桥有限公司） 中交第一公路工程局有限公司（中交一公局西藏工程投资有限公司） 中建路桥集团有限公司（西藏中建建设有限责任公司） 西藏天顺路桥工程有限公司 西藏云天工程建筑有限公司 中交路桥建设有限公司（中交路桥建设西藏工程有限公司）

公路危桥改造工程参建单位一览表

表 3-3-2

建设单位	西藏自治区公路局
咨询单位	中交公路规划设计院有限公司 招商局重庆交通科研设计院有限公司
设计单位	西藏自治区交通勘察设计研究院 中交第一公路勘察设计院有限公司 中交第二公路勘察设计院有限公司 中交通力建设股份有限公司 四川省交通勘察设计研究院有限公司 安徽省交通规划设计研究总院 陕西省交通规划设计研究院 重庆交通规划设计院 中国公路工程咨询集团有限公司 国家林业局昆明勘察设计院
检测单位	四川振通公路检测咨询有限公司 四川正达检测技术有限公司 中铁西北科学研究院有限公司

续上表

监理单位	深圳高速工程顾问有限公司 西安方舟工程咨询有限责任公司 铁科院（北京）工程咨询有限公司 西藏圣通路桥监理咨询有限公司 福建省交通建设工程监理咨询有限公司
施工单位	中交第一公路工程局有限公司（中交一公局西藏工程投资有限公司） 西藏天源路桥有限公司 西藏嘉隆建设工程有限公司 西藏天地工程建设有限公司 西藏天路股份有限公司 中铁二局工程有限公司（中铁二局西藏工程有限公司） 西藏仁布县达热瓦建设工程有限公司 中铁大桥局集团有限公司（中铁大桥局集团西藏工程有限公司）

第四篇 建设管理篇

第一章 标准化先行,有效管控质量安全
——项目管理办

一、总体概况

提前实施"十三五"公路危桥改造与公路安全生命防护工程急需项目是西藏交通建设的重要环节,也是助力全西藏脱贫攻坚工作中需要解决的重要任务。由于西藏自治区公路局危桥安防项目管理办(即项目办)位于拉萨市,故拉萨片区相关标段的工程管理和监督工作由项目办负责。

拉萨片区相关标段的工程内容包括:

21条线路、隐患里程620.54km的公路安全生命防护工程,涉及主要工程内容有波形梁钢护栏81964m、混凝土护栏1510m^3、挡墙4234.4m^3、振荡标线64.8m^2,分布于达孜区、堆龙德庆区、曲水县、当雄县、尼木县、墨竹工卡县和林周县的农村公路及国省干线上;

20座桥梁的改造,其中中桥14座,小桥6座,分布于达孜区、堆龙德庆区、曲水县、当雄县、尼木县、墨竹工卡县和林周县的省道干线及农村公路上。

设计单位包括中交第一公路勘察设计研究院有限公司、中交第二公路勘察设计研究院有限公司、西藏自治区交通勘察设计研究院、国家林业局昆明勘察设计院、中交通力建设股份有限公司、安徽省交通规划设计研究总院、重庆交通规划设计院。

监理单位包括深圳高速工程顾问有限公司(监理第二合同段)、西藏圣通路桥监理咨询有限公司(监理全一合同段和监理第四合同段)。

施工单位包括西藏天地工程建设有限公司(危桥施工第四合同段)、西藏仁布县达热瓦建设工程有限公司(危桥施工第七合同段)、邢台路桥建设总公司(安防施工第一合同段)、西藏天宇交通有限公司(安防施工投融资及施工总承包合同段,即全一合同段)。

检测单位包括四川正达检测技术有限公司(检测第一合同段)、四川振通公路工程检测咨询有限公司(检测第二合同段)。

咨询单位为中交公路规划设计院有限公司。

2017年4月，项目管理办先后组织设计单位、咨询单位、监理单位和施工单位等相关人员进行了现场交桩，参见图4-1-1。随后各合同段陆续开工建设。2019年，项目全面完工并完成交工验收。

图4-1-1　2017年4月14日项目施工动员座谈会召开

项目的实施，极大改善了当地老百姓的交通通行条件，有效提高了公路沿线路域的通行安全水平，降低了交通事故的发生率，有效地保障了人民群众的生命财产安全，得到当地政府及百姓的充分肯定及一致好评。

二、组织机构

西藏自治区公路局公路危桥改造与公路安全生命防护工程项目办下设工程技术部（安监环保部）、计划合约部、综合服务部、财务部等五个部门，具体成员如下：

主任，由西藏自治区公路局党委委员、副局长、纪委书记其米多吉担任；

副主任兼工程技术部和安监环保部部长，由西藏自治区公路局日喀则公路分局曲水公路段段长次旺旦增担任；

总工程师，由中交第一公路勘察设计院有限公司高级工程师孟彦龙担任；

计划合约部部长，由西藏自治区高等级公路管理局高级工程师格桑担任；

综合服务部部长，由西藏自治区高等级公路管理局扎西次仁担任；

财务部部长，由西藏自治区公路局日喀则公路分局尼玛拉姆担任。

三、拉萨片区建设情况

开工前，项目管理办制定了工地标准化、施工标准化等标准化施工方案并要求施工单位切实执行、监理单位监督，同时要求施工单位编制切实可行的施工组织和各工序施工方案，经监理审批同意后实施，进一步规范了施工现场和施工工艺；要求各施工单位通过由近及远、倒排工期、多点同时作业等措施，确保按期保质保量完工。

项目实施过程中，项目管理办采取"两及时、三检验、四管控"的措施对工程质量进行管控，及时对软基进行处理和碾压夯实；检验进场材料质量、混合料配比、压实度是否合格；按照"严把每一道关口，不放过每一个环节，处理好每一处死角，不留下一点隐患"的要求，严格把控施工各环节、各工序，正确处理施工质量与进度关系，坚决实行各工序验收制度，严格落实上道工序达不到质量要求的不得进入下道工序，必须返工处理，真正做到了有效监控，不留任何质量安全隐患。项目办还结合项目情况，通过定期或不定期巡查工地现场，抽检工程质量、检查施工作业安全情况，以及与拉萨市各县交通运输局签订监管协议，协同监管等措施，使施工质量和安全生产工作得到了更加有效的管控。最终，拉萨片区的提前实施"十三五"公路危桥改造与公路安全生命防护工程急需项目，在西藏交通运输部门的高度重视下，项目办和各参建单位全体人员3年多的共同努力下，按期保质保量地完成了各项工程内容。

其中安防一标（拉萨片区）原合同为22条线路，隐患里程计695.1km，其中S303线、尼木县X120线、当雄县X103线、林周县Y106线和林周县X101-2线因与当地在建项目冲突，申请了核减；其余17条线路（隐患里程计326.94km）的工程内容均按合同约定及规范要求实施完成。

安防全一标（拉萨片区）共4条线路，隐患里程计293.6km，其中S206线全线因与当地在建项目冲突，申请了核减，S507线因与当地在建项目部分段落冲突，就冲突部分申请了核减；其余线路的工程内容均按合同约定及规范要求实施完成，同时对318国道进行了风险评估并经四方同意后核增了部分工程内容。

危桥四标（拉萨片区）共16座桥梁，全部完工。

危桥七标（拉萨片区）共5座桥梁，其中当雄县K3+289桥因与当地建设规划冲突，申请了整桥核减，其余4座桥梁全部完工，并按工程建设程序完成了交工验收工作。

参见图4-1-2、图4-1-3。

图 4-1-2　公路安全生命防护工程现场检查动员

四、建设难点

提前实施"十三五"公路危桥改造与公路安全生命防护工程,急需项目在拉萨片区内的建设规模大、覆盖面广、技术复杂、质量要求高、地形地貌气候复杂等特点,给项目建设带来了困难。

(一) 危桥改造工程

危桥改造工程分布于拉萨周边,施工材料供应便利,气候条件良好,给施工奠定了良好基础;但工程实施过程中,安防工程部分路段冲突、桥梁设计地质与实际地质不符等因素,给项目推进工作带来了一定阻碍。例如,帕古桥位于尼木县帕古乡帕古村附近,距离尼木县约 21km,是乡道 Y112 连接帕古村、江热村、帕普村和彭岗村等的重要桥梁。桥梁跨越尼木玛曲,桥址区处于宽谷山地地貌,地势平坦,河床比降较大,阶地普遍发育。

旧桥由于建设年代较早,当时设计标准低,致使通车运营后病害不断,且通车后一直未得到养护,导致病害不断加剧,逐渐无法满足现行交通荷载的需求而成为危桥,依据《公路桥梁技术状况评定标准》(JTG/T H21—2011)的桥梁总体技术状况计算及分类界限标准,桥梁综合技术状况评定"四类"危桥。由此带来的通行限制,影响了

图 4-1-3　项目管理办系统购置检测仪器，严格落实质量管控

当地的经济、文化、教育等事业的快速、健康发展,阻碍了群众收入的提高和农牧科技的应用及推广,不利于桥梁两岸群众的往返,直接影响了群众的生命财产安全。

该桥建设过程中,在1~2号桩基冲击钻孔时发现,地质实际情况与地勘资料不符,严重影响桥梁基础的稳定性和工程质量,使工程进度滞后。为此,施工单位将1~2号桩基桩长由原设计的22m变更为17m,将桩直径由原设计的1.3m变更为1.8m,顺利解决了问题。

(二)安全生命防护工程

安全生命防护工程在拉萨片区所涉的303省道拉萨到羊八井段,因与109国道重合,是青藏公路的主要通道,通行车辆较多,年平均日交通流量达13031辆。该线路建设初期虽完善了部分安防设施,但仍有个别段落欠缺,给过往司乘人员和群众带来极大安全隐患。

不仅如此,由于该路段工程内容位于青藏公路主线,不能封闭交通进行作业,而个别工程内容地处峡谷弯道、临水临崖,造成施工作业人员无法站在路侧外作业,只能在路侧内施工作业,使得行车宽度本就不宽裕的路面更加狭窄,再加上个别过往车辆车速较快,给施工作业人员带来了极大的安全隐患。为此,施工单位在施工现场配备了两名安全员指挥交通,并增设示警锥、反光提示标语和爆闪灯等设施设备,较好地保证了施工现场安全。

第二章 集思广益，严控工序，网络化管理
——日喀则驻地项目办

一、总体概况

西藏自治区公路局提前实施"十三五"公路危桥改造与公路安全生命防护，工程日喀则驻地项目办负责对日喀则市和阿里地区施工的各参建单位的管理协调工作。日喀则项目办管理协调的施工单位共涉及 11 个标段，其中 8 个标段负责安全生命防护工程的施工，3 个标段负责危桥改造的施工。施工主要范围包括日喀则市（共 18 个县、区）17 个县和阿里地区全部 7 个县，施工线路共有 198 条。主要工作量有：新修各类波形护栏 1068562m、护坡 76959.67m³、排水沟 120441m、各类挡墙 7216.1m³、主动防护网 31448m²、标志牌 2518 个；新建大桥 7 座、中桥 15 座、小桥 4 座，桥梁总长 1914.64m，结算金额为 58914.29203 万元。自 2017 年 4 月开始进场实施至 2019 年 12 月止，日喀则项目办管理的日喀则片区及阿里片区所有参建单位按照合同约定顺利完成合同内所有工程内容，同时圆满完成交工验收工作。

二、组织机构

日喀则项目办下设工程技术部、计划合约部、安监环保部、综合服务部等四个部门，由以下成员组成：

主任由西藏自治区公路局工程设备管理处副处长贡嘎朗杰担任；

副主任由西藏自治区高等级公路管理局洛桑次仁担任；

总工程师由中交通力建设股份有限公司高级工程师党磊担任；

工程技术部部长由日喀则公路分局聂拉木段副段长索朗加布担任，成员包括日喀则公路分局拉孜公路养护段米玛次仁、孟强、孙永利和那曲公路接管组梁鑫；

计划合约部部长由青藏公路分局雁石坪养护段副段长万常兴担任，成员包括林芝公路分局黄银豪、日喀则公路分局日喀则公路养护段段瑞；

综合服务部部长由西藏自治区高等级公路管理局旦增明久担任；

安监环保部成员包括日喀则公路分局丹增罗旦。

三、质量管理

（一）抓住难点、监管重点

该项目的最大难点就是安全生命防护工程的"点多、面广、线长"。由于所在的施工点分布在阿里地区全境和日喀则市的17个县内，施工线路更是达到了198条之多，许多施工点距施工项目部需要一到两天的车程，材料的进场、工人转场以及施工现场的管理监督存在很大的困难。根据这些情况，该驻地项目办会同施工、监理等单位进行现场了解并集思广益，最终明确施工单位相应增加施工队伍和机械、监理增加驻地监理员，以减少转场次数。材料购进进行提前计划、提前购进并且集中堆放管理，保证施工队伍与材料同时进场，并且实现一次材料进场满足施工点全部施工需要。同时，该驻地项目办与当地交通局及养护段协调并签订了《协助监管协议》，对施工现场采取项目方巡查、当地管养部门就近监督相结合的方法进行监督管理，保证了施工质量合格，参见图4-2-1。

（二）汛期保通，及时供料

该项目大部分工作面在农村公路上，而2017年日喀则及阿里地区降雨量较多，出现部分道路冲毁、材料无法运进施工现场的情况。为解决这一问题，对部分距施工点较近的水毁路段，驻地项目办派出施工机械协助当地交通部门进行抢修，加快道路抢通；同时及时关注天气预报，错开大雨天气运输材料，确保了材料的及时供应。

（三）严控工序，加宽弯道

日喀则驻地项目办辖区内共有需改造的桥梁26座。建设过程中，在各桥梁工点建设的预制场地，对空心板、T梁台座、模型制作、安装，钢筋绑扎，预应力管道定位安装，混凝土的原材料配合比控制及浇筑、养护、张拉、移位吊装过程，均进行了全过程监控。危桥六标有三座大桥（白雪大桥、联阿大桥、西林桥）因环境水土保护及中央环境保护督查工作的影响，开工时间较晚，加之2017年10月中旬后温度逐渐下降，为保证工期，施工单位对预制梁进行了冬季施工，在施工过程中严格控制各道工序质量，并采取增加成本的方式使用蒸汽养护的方案来养护梁片，保证了梁片质量，及时进行了张拉、压浆、安装等后续工作。危桥六标施工的嘎果桥位于日喀则市萨迦县拉洛乡帮村，为连接萨迦县城至帮村的唯一途径；建设较早，由于修建时资金受限，属于临时性桥梁，且自修建以来，很少进行养护和维修；仅能让行人或非机动车辆通行。连接桥梁的

图 4-2-1 警示标志反光度检测

唯一道路只有一段10km的傍山悬崖路段，路面平均宽度只有3m（土路），交通极为不便。针对该桥梁施工现场不满足预制梁板的条件，而运送梁板又无法通过大弯道路段的情况，日喀则驻地项目办组织施工单位机械对弯道路段进行了为期两个月的加宽改造，使之最终满足了桥梁板的运输条件，确保了该桥的顺利修建。

（四）严格检查，确保合格

日喀则驻地项目办始终围绕确保建成合格工程的目标开展工作。一是建立健全质量管理和质量保证体系，不定期组织监理、检测单位开展工程质量检查工作，特别是隐蔽工程的质量检查，要求监理务必做好隐蔽工程的旁站、验收、影像资料的收集工作。二是把好原材料的验收工作。无产品质量证、合格证及质量标志的材料不得进场。做好原材料的抽检工作。三是严格做好图纸审核，变更设计，技术交底，测量放样、复核等工作。日喀则驻地项目办管理的所有标段在施工过程中，均无安全、质量事故发生，工程验收合格率100%，质量等级均为优良，参见图4-2-2和图4-2-3。

图4-2-2　立柱埋置深度抽查

图 4-2-3 压实度取样

四、安全管理

（一）督促施工单位落实抓安全的责任

一是落实主要责任人抓安全的责任。二是落实安全生产责任制和责任追究制，不留死角，层层签订安全生产责任制，制定各类管理人员安全生产责任制和责任追究制，把安全生产的责任落实到每个环节、每个岗位、每个人。三是加大了推行安全责任制和追究制的力度。

（二）督促落实安全管理的责任

一是安全工作到位。二是安全规章制度落实。加强了执行力的宣传，教育引导员工树立正确的安全责任意识，自觉遵守执行单位制定的各项安全管理规章制度，切实把制度落实到位。三是着力建立安全管理长效机制，制定安全评估体系。

（三）落实安全教育培训的责任

一是大力开展安全文化建设，普及安全法律法规和安全知识。二是加强从业人员的教育培训工作。三是认真组织开展"安全生产月"活动，提高员工的安全意识和自我防护能力。四是广泛宣传和认真贯彻执行国家关于安全生产的一系列规范性文件。

（四）督促施工单位落实安全投入的责任

在安全设施、培训教育、事故应急管理、改善员工劳动保护状况、隐患整改等工作上加大资金投入，提高人员安全意识，促进安全保障措施落实，确保设备正常运转。

（五）督促施工单位落实安全技术措施的责任

通过技术创新求可靠、求安全。

五、网络化管理

该项目由于施工范围广，施工距离远，不利于各施工点的资料整理上报及管理工作，所以采用了PM网络管理平台。只要各施工点有一台电脑和一个无线网卡，就可以每天将施工现场的施工进度、质量管控以及现场图片等资料上传至网络平台，保证了项目经理、总监以及业主及时掌握每一个施工现场的情况。对设计变更和计量支付进行网络审签，减少了来回找人签字的时间，加快了办理速度。工程建设和网络化管理实现了无缝化对接。

六、人才培养

该项目从一开始就制定了人才培养的目标。由于公路局下属各分局、养护段主要从事公路养护工作，大部分专业技术人员自从学校毕业就一直从事公路养护工作，很少接触工程管理和施工工作，对工程管理和施工有所生疏。所以在此次项目实施之初，西藏自治区公路局党委委员、副局长、纪委书记其米多吉就提出了在保证工程进度和质量的前提下，大力提升各基层技术人员的工程管理及施工水平。因此各驻地项目办管理人员除主任和总工外，均为抽调自各基层单位的技术人员。在项目管理中，各管理人员边学习、边管理。由有经验的主任和总工带领和指导各技术人员结合实际情况学习。通过3年的实践与学习，所有技术人员在管理和施工中都得到了极大的进步，甚至有部分人员利用休息时间报考了建造师等工程管理相关的资格证，并取得了不错的成绩。通过此次项目管理的培养和锻炼，日喀则驻地项目办所有管理人员都有能力完成项目管理工作；在今后的项目管理中，随时抽调，随时可以扛起项目管理的重担。

七、脱贫攻坚

日喀则驻地项目办在施工初期，与各施工标段负责人进行沟通，本着为工程沿线当地脱贫攻坚出一份力的原则，实现了在条件允许的情况下，各施工的单位尽量雇佣当地村民和使用本地符合工程需要的材料及机械；并监督施工单位及时支付雇佣人员及使用机械、材料等相关费用。工程中共雇佣本地人员2911人，购买砂石料等各种地材3454万元，租用本地各种机械费用开销1284万元，总共为当地带来直接经济效益1.29亿元。此项工作得到了各县、乡政府，驻村工作队以及各村委会的充分肯定。

第三章　多层级质量管理，逐级落实安全管控
——那曲驻地项目办

一、总体概况

那曲驻地项目办负责的危桥改造工程包括原合同桥梁134座，其中危桥一标33座，危桥二标39座，危桥三标28座，危桥四标27座，危桥七标7座。由于与通乡油路工程冲突以及勘测重复的原因，危桥一、二、三、七标段分别核减桥梁1座，实际实施建设桥梁合计130座。

那曲驻地项目办负责的安防工程包括原合同安防工程线路53条，其中安防一标41条线路，里程1101km；安防全一标12条线路，里程3000余km。由于安防工程的特殊情况，对原设计整体进行了优化完善，实际实施工程线路33条，具体工程量为：安防一标波形护栏93412m、标志牌1010个、边沟250m；安防全一标波形护栏90935m、混凝土护栏43909m、主动防护网159710m²、边沟888m、标志牌237个、路肩（路堑）墙11899.46m³，拆除波形护栏4436m，参见图4-3-1和图4-3-2。

图4-3-1　西藏自治区公路局党委委员、副局长、纪委书记其米多吉（右二）检查那曲S205线上的波形护栏

图 4-3-2　那曲国省公路接管组组长拉琼检查 G558 线主动防护网工地

二、组织机构

那曲项目办下设主任办、总工办、工程技术部、计划合约部、安监环保部、综合服务部六个部门，由以下成员组成：

主任由林芝公路分局养护科副科长旦增达杰担任；

总工程师由中铁大桥局高级工程师陈胜辉担任；

工程技术部部长由青藏公路分局那曲段副段长多吉欧珠担任，技术员由青藏公路分局洛桑贡嘎担任；

计划合约部部长由青藏公路分局当雄段副段长丁次担任；

安监环保部部长由青藏公路分局安多段扎才担任；

综合服务部部长由青藏公路分局才达扎西担任，办事员由青藏公路分局朱福荣担任。

三、质量管理

为落实质量控制，那曲驻地项目办结合那曲片区地理、气候特点，原材供应特点，参建施工、监理单位特点等建立了多层级质量管理体系。施工单位形成了自检、互检、交接检的常态化质量检查控制；监理单位落实抽检、旁站、巡检制度；驻地项目办实施不定期巡查及重点抽查制度，由此逐级将质量管理落实到具体工程部位，确保了无较大质量事故发生，参见图4-3-3。

在建设过程中，那曲驻地项目办按季度先后组织了8次质量安全综合检查，检查过程中发现存在原材堆放串料、场地布置混乱、钢筋存放支垫不符合要求、水泥存放覆盖不符合要求、使用结块过期或不符合供方名录的水泥、养护不及时或养护龄期不符合要求、部分结构存在表面裂纹、部分预埋钢筋未严格按照施工设计图施工等情况，参见图4-3-4。对于现场检查发现的问题，检查组人员直接责令施工单位按期整改，

图4-3-3 桥台侧墙强度检查

图4-3-4 桥面铺装情况检查

监理单位监督汇报,并分别形成整改回复。对于整改情况,项目办另行追踪复查,并对涉及结构安全的部位进行专项质量抽查,重点关注,重点处理。

四、安全及环、水保管理

本着"安全第一,预防为主"的原则,驻地项目办同时制定了健全的安全管理体系及相关责任制度,与质量管理同步,逐级将安全管控落实到了施工单位的具体班组,确保了无较大安全事故发生。

在进行质量安全综合检查的同时,驻地项目办也不忘加强安全教育和培训的核查,抽查了施工单位的安全培训是否落实到全员全覆盖。现场检查中发现存在安全警示标志、安全防护设施不达标,安全意识不够深入,场内临时用电不规范,临边施工、高空作业安全防护措施不符合要求等情况,并针对发现的问题责令及时整改,对现场监理的失职也提出了批评,同时形成了整改回复的文件记录。

那曲片区生态脆弱,对于环、水保的管理,从制度建立到落实控制,驻地项目办按照制度先行、落实责任、具体到人、机动检查、确保落实的机制进行管控,确保了无环保水保污染投诉事件发生,参见图4-3-5。

图4-3-5 严格检查促使分仓储料落到实处

五、农村户籍务工队伍管理

由于建设行业的特殊性，承包单位制度及管理水平的差异，农村户籍务工队伍素质参差不齐，且由于那曲片区海拔高，劳动效率低的原因，农村户籍务工队伍的纠纷事件也影响着工程建设的进度形象。那曲驻地项目办在处理相关纠纷问题上，本着"以人为本，维护稳定，维护团结"的原则，积极协调，真情关爱，实事求是，讲理讲法，细心处理，使所有上访事件均得到了合理处理，未影响正常复工。

六、资料管理

那曲驻地项目办相关工程、监理、检测资料，基本与工程实体进度同步。通过交工验收的标段均完成了资料归档整理，满足了进度跟进要求。各标段的变更资料已全部完成签审，变更工程部位符合实际客观条件的要求。

七、进度管理

在确保工程质量的前提下，为了按期完成项目，那曲驻地项目办严格控制计划阶段、实施阶段、计划调整阶段，并按照项目办 2019 年复工动员会及工作推进会指示精神，积极响应并组织各单位召开"激情大干 40 天（2019 年 5 月 20 日—6 月 30 日）活动"动员部署会，同时审核了各参建单位剩余工程倒排工期计划，各参建单位积极参与、主动参与，成效明显。

第四章　因地制宜定方案，强化专项检查
——林芝驻地项目办

一、总体概况

林芝驻地项目办承担完成危桥改造 20 座 /892.66 延米，公路安全生命防护工程 61 条线路 /1316.563km。自 2017 年 4 月开始进场实施项目建设至 2019 年 12 月，林芝地区所有参建单位按照合同工期要求顺利完成合同所有工程内容，并圆满完成交工验收工作。在此期间，项目共为林芝地区增加税收 941.98 万元，解决当地群众就业 664 人，为当地群众创收 2037.28 万元，机械租赁费用 843 万元，地材费 740.14 万元；林地补偿费用 62.2387 万元，参见图 4-4-1。

图 4-4-1　林芝市 S505 线施工

二、组织机构

林芝驻地项目办下设工程技术部、计划合约部、安监环保部、综合服务部四个部门，由以下成员组成：

主任由自治区公路局养护处贾锐担任；

总工程师由中铁西北科学研究院有限公司工程师朱明秀担任；

工程技术部部长由林芝公路分局工程科房得疆担任，成员包括林芝公路分局八一养护段黄泽军、拉贡高速养护中心卢锐；

计划合约部部长由青藏公路分局工程科副科长温德龙担任，成员包括林芝公路分局工布江达养护段宋莹莹；

综合服务部部长由林芝公路分局扎木机械化养护队洛桑次仁担任；

安监环保部部长由林芝公路分局养护科李龙担任。

三、质量管理

（一）安防工程质量管理

一是严格按照合同及项目办下发的《关于印发〈管理标准化、工地标准化及施工标准化管理办法（试行）〉的通知》（藏路危桥安防工程发〔2017〕13号）、《关于印发〈工地标准化和施工标准化管理办法〉的通知》（藏路危桥安防工程发〔2017〕58号）管理办事，做好日常检查工作；二是严把质量关，要求项目经理部做好技术交底工作，确保作业人员了解技术要求，建立健全质量保证体系；三是监理单位加强质量管控，重点对关键项目、环节进行抽查，及时有效消除质量隐患。

（二）危桥改造工程质量管理

为加快工程进度，保证工程质量，标准跨径桥梁构造物均采用预制安装法施工，根据地形地势及交通条件合理制定吊装方案，确保施工的高效、安全性。针对桥头跳车通病，对肋式桥台回填，做到与台背路基同施工、分层碾压；对U形桥台回填砂砾或碎石掺3%的水泥；其他结构物回填采用碎石、砂砾等有一定级配的透水性材料或用水泥土、石灰土等回填。针对桥面渗水问题，在水泥混凝土桥面铺装层边缘设置排水槽，在顶部设置防水层。

同时，项目实施过程中强化专项检查，确保工程质量。除每月一次的综合检查外，林芝驻地项目办还先后组织了构造物施工质量、原材料质量、路基填筑质量、桥涵台背回填质量等专项检查。检查中综合运用多种检查手段,确保了检测的力度与深度,如对隐蔽工程采用破坏性检测,对桥梁桩基进行100%超声波检测,对构造物钢筋进行电磁波和雷达扫描,对台背回填和高填方路基进行钻孔取芯检查。每次检查后,对个性、共性问题分标段下发限期整改通知书。

四、重点难点及对策

林芝地区山势连绵高峻,地质灾害频发,海拔高,工程起终点高差大,且点多、面广、线长,加上绝大部分施工地点在风景区或国家级自然保护区内,环境景观要求高,交通负载较重,设施安全要求高,因此施工进度受各方面因素制约,工程后期专业交叉作业频繁,施工难度较大。

(一)护栏

护栏及立柱的施工质量和进度是施工重点。护栏绝大部分设计为埋入式,部分为打入式,基础受地质条件制约,线形和深度控制难以保证。

(二)标志牌

因点多、面广、线长,标志牌安装进度较为缓慢。

(三)标线

为保证道路正常通行,标线施划周期集中,工作量大。

(四)桥梁工程

林芝片区涉及20座桥,其中大桥1座,其余均为中小桥;施工重点及难点是桩基础施工和箱梁、空心板梁施工。

1.桩基施工重点、难点及对策

钻孔灌注桩施工的重点、难点主要是钻孔及水下混凝土灌注。施工过程中易出现的质量问题是:孔口高程及钻孔深度误差,孔径误差,钻孔垂直度误差,桩底沉渣过厚或开灌前孔内泥浆含砂量过大,塌孔,钢筋笼错位(如钢筋笼的上浮、扭曲或偏靠孔壁),桩身混凝土强度低或混凝土离析、断裂及夹层、断桩等。针对各种易出现的质量问题应分别采取相应的对策,参见图4-4-2和图4-4-3。

(1)孔口高程及钻孔深度的误差和解决措施

造成孔口高程误差的原因主要有两方面,一是由于地质勘探完成后场地再次回填,而计算孔口高程时疏忽了这一点;二是由于施工过程中废渣堆积,造成施工场地地面不断升高,孔口高程发生变化。其对策是认真校核原始水准点和各孔口的绝对高程,

图 4-4-2　检测格嘎桥混凝土强度

图 4-4-3　桥梁桩基检测

在每根桩开孔前复测一次桩位孔口高程，参见图 4-4-4。

有些工程在场地回填平整前就进行工程地质勘探，地面高程较低，因此若工程地质

图 4-4-4　桩位复测

勘探采用相对高程，则施工时应把高程换算一致，避免出现钻孔深度的误差。另外，孔深测量应采用丈量钻杆的方法，取钻头的 2/3 长度处作为孔底终孔界面；不宜采用测绳测定孔深。钻孔的终孔标准应以桩端进入持力层深度为准，不宜以固定孔深的方式终孔。因此，钻孔到达桩端持力层后应及时取样鉴定，确定钻孔是否进入桩端持力层。

孔径误差主要是由于工人疏忽用错其他规格的钻头，或因钻头陈旧，磨损后直径偏小所致。对于桩径 1200mm 的桩，钻头直径比设计桩径小 30～50mm 是合理的。每根桩开孔时，合同双方的技术人员应验证钻头规格，实行签证手续。

造成钻孔垂直度不符合规范要求的主要原因，一是场地平整度和密实度差，钻机安装不平整或钻进过程发生不均匀沉降，导致钻孔偏斜；二是钻杆弯曲、钻杆接头间隙太大，造成钻孔偏斜；三是钻头翼板磨损不一，钻头受力不均，造成钻头偏离方向；四是钻进遇软硬土层交界面或倾斜岩面时，钻压过高使钻头受力不均，造成钻头偏离方向。

保证钻孔垂直度的主要技术措施，一是压实、平整施工场地，在安装钻机时严格检查钻进的平整度和主动钻杆的垂直度，钻进过程中定时检查主动钻杆的垂直度，发现偏差立即调整；二是定期检查钻头、钻杆、钻杆接头，发现问题及时维修或更换；三是在软硬土层交界面或倾斜岩面处低速低钻压钻进，一旦发现钻孔偏斜，及时回填黏土，冲平后再低速低钻压钻进；四是在复杂地层钻进，必要时在钻杆上加设扶整器。

（2）孔底沉渣过厚或开灌前孔内泥浆含砂量过大及解决措施

孔底沉渣过厚的原因除清孔泥浆质量差，清孔无法达到设计要求外，还有测量方法不当造成误判。要准确测量孔底沉渣厚度，首先需准确测量桩的终孔深度。桩的终孔深度应采用丈量钻杆长度的方法测定，取孔内钻杆长度与钻头长度之和；钻头长度取至钻尖的 2/3 处。

在含粗砂、砾砂和卵石的地层钻孔，有条件时应优先采用泵吸反循环清孔。当采用正循环清孔时，前阶段应采用高黏度浓浆清孔，并加大泥浆泵的流量，使砂石粒能顺利地浮出孔口。孔底沉渣厚度符合设计要求后，应把孔内泥浆密度降至 $1.1 \sim 1.2 \text{g/cm}^3$。清孔全过程应设专人负责孔口捞渣和孔底沉渣厚度测量，及时对孔内泥浆含砂率和孔底沉渣厚度的变化进行分析。若出现清孔前期孔口泥浆含砂量过低，捞不到粗砂粒，或后期把孔内泥浆密度降低后，孔底沉渣厚度增大较多，则说明前期清孔时泥浆的黏度和稠度偏小，砂粒悬浮在孔内泥浆里，没有真正达到清孔的目的。施工时应特别注意这种情况。

（3）钢筋笼错位及解决措施

引起灌注混凝土过程中钢筋笼上浮的原因主要有以下几方面：一是混凝土初凝和终凝时间太短，使孔内混凝土过早结块，于是当混凝土面上升至钢筋笼底时，混凝土结块托起钢筋笼；二是清孔时孔内泥浆悬浮的砂粒太多，混凝土灌注过程中砂粒回沉在混凝土面上，形成较密实的砂层，并随孔内混凝土逐渐升高，直至上升至钢筋笼底部时托起钢筋笼；三是混凝土灌注至钢筋笼底部时，灌注速度太快，造成钢筋笼上浮。

若发生钢筋笼上浮，应立即查明原因，采取相应措施，防止事故重复出现。

（4）桩身混凝土强度低或混凝土离析及解决措施

发生桩身混凝土强度低或混凝土离析的主要原因是施工现场混凝土配合比控制不严、搅拌时间不够和水泥质量差。要杜绝此情况发生必须要严格把好进库水泥的质量关，控制好施工现场混凝土配合比，掌握好搅拌时间和混凝土的和易性。

（5）桩身混凝土夹渣或断桩及解决措施

引起桩身混凝土夹泥或断桩的主要原因，一是初灌混凝土量不够，造成初灌后埋管深度太小或导管根本就没有入混凝土内；二是混凝土灌注过程中拔管长度控制不准，导管拔出混凝土面；三是混凝土初凝和终凝时间太短，或灌注时间太长，使混凝土上部结块；四是清孔时孔内泥浆悬浮的砂粒太多，混凝土灌注过程中砂粒回沉在混凝土面上，形成沉积砂层，阻碍混凝土的正常上升，以致当混凝土冲破沉积砂层时，部分砂粒及浮渣被包入混凝土内，严重时造成堵管事故，导致混凝土灌注中断。

导管的埋管深度宜控制在 2～6m 之间。若灌注顺利，孔口泥浆返出正常，则可适当增大埋管深度，以提高灌注速度，缩短单桩的混凝土灌注时间。混凝土灌注过程中，拔管应有专人负责指挥，并分别采用理论灌入量计算孔内混凝土面和重锤实测孔内混凝土面，取两者的低值来控制拔管长度，确保导管的埋管深度不小于 2m。单桩混凝土灌注时间宜控制在 1.5 倍混凝土初凝时间内。

2. 空心板梁、箱梁施工重点、难点及对策

预应力混凝土空心板梁、箱梁的施工重点、难点主要是箱梁实体质量、外观质量控制。箱梁、空心板梁的实体质量控制主要依靠施工过程中钢筋加工安装，混凝土浇筑及养护、张拉、压浆等环节严格按设计及规范施工。

针对箱梁的外观质量控制，一是选用新模板，并均匀涂刷脱模剂；二是采用清水混凝土进行箱梁的混凝土浇筑，发挥清水混凝土施工后表面光滑、色泽均匀的优点；三是加强施工过程中振捣环节的把控，避免漏振、过振。

（1）钢筋加工

进入施工现场的钢筋试验合格后用于工程，每一浇筑跨尽量使用同一批次钢筋，杜绝不同厂家钢筋混用现象。钢筋严格按图纸加工；绑扎底板钢筋前在底模上按设计图纸弹出骨架钢筋墨线；绑扎钢筋时重点检查主筋及预应力筋的间距和位置、预埋件的位置、伸缩缝预埋钢筋，参见图 4-4-5。

（2）预应力束安装、张拉与压浆

钢绞线下料长度应精确计算。要考虑锚具部分和千斤顶工作长度等因素。钢绞线切割时，在距切割口 30mm 位置用铁丝绑扎，用砂轮锯切割，禁止使用电弧或氧乙炔切割。钢绞线编束时，每隔 1.5m 绑扎一道铁丝，铁丝扣向里，并编号挂牌放置；一个管道内的钢束尽量用同一盘钢绞线。

按真实坐标定位波纹管。检查波纹管定位钢筋水平方向误差是否不大于 10mm，竖向误差是否不大于 5mm，并检查波纹管在反复弯曲情况下管壁是否有破裂现象；除设计图纸规定的压浆排气管外，在每束钢绞线竖向最高点增加一个排气孔；波纹管与锚垫板、波纹管与连接器的罩壳、锚环间接触部位用海绵封堵，防止混凝土进入。骨架钢筋绑扎结束后，先将波纹管固定位置，再穿钢绞线；穿前要检查钢束，确保无相互缠绕现象；不要硬拉硬扯，防止损伤表面；严禁将钢绞线作电焊导线用；附近位置施焊时，采取保护措施后方允许施焊。

图 4-4-5 检查梁板顶板钢筋安装情况

锚具安装前，首先检查锚具、夹片和连接器是否有锈蚀、玷污或机械损伤；检查工作锚夹片外露长度是否一致；千斤顶就位后，检查工具锚夹片是否已涂润滑油，外露长度及间隙是否均匀；施加初应力后，调整千斤顶位置，使其轴线与钢束轴线一致。千斤顶在使用前，与压力表配套送检，并与工具锚配套使用，编上识别号码；长距离移动千斤顶时要卸下压力表。当出现下列情况时，千斤顶要重新送检：施加压力时油表指针抖动严重；压力表针不归零；调换油表；伸长值与压力表读数不符合律定曲线；千斤顶漏油；张拉越过 300 次或使用时间超过 6 个月。

当同条件养护试件强度大于设计强度的 85% 后开始准备张拉。先张拉横向钢束，再张拉纵向钢束。纵向钢束左右两侧对称张拉并严格按设计给出的张拉顺序进行。张拉由专人指挥同步进行，在锚头前同一断面对每根钢绞线标识，以便观察有无滑丝现象。将有关张拉数据记录在张拉用表格。千斤顶卸除后，逐根检查钢绞线，判断是否有断丝、滑丝现象，防止漏拉。现场计算确定"双控"指标是否满足要求。

压浆前先用高压水冲洗管道，再用空气压缩机吹去孔内积水，并注意观察有无串孔现象。严格按批示的水泥净浆配合比配制净浆，在水泥浆压注过程中连续搅拌。管道压浆先下后上，压力控制在 0.5～0.7MPa。当白天气温高于 35℃ 时，压浆在夜间进行；当气温低于5℃时，采取冬季施工防护措施。压浆过程中填写压浆记录，并留取不少于3组的试件，标准养护28天，检查其抗压强度和3天、7天、28天抗折强度。孔道压浆结束后，立即将梁端水泥浆冲洗干净。

（3）混凝土施工

原材料进场后，及时做好各项物理指标试验工作。每片预制梁板一次浇筑完成；按经批复的水平分层，纵向分段顺序浇筑。在顶板上全断面布三排（顺桥向）高程控制点，用铁毛刷拉毛；在桥面设防水层前，严禁桥面被油污染；浇筑混凝土前，组织专职质检人员对支架、模板、钢筋、波纹管坐标和预埋件位置进行检查，并填写工序验收单、隐蔽工程验收单，确定符合设计要求后方可浇筑混凝土；浇筑混凝土前，测定砂、石含水率，下发混凝土施工配合比通知单。

开盘后首先检查混凝土的均匀性和坍落度是否符合设计配合比各项指标要求；振捣过程中，人员不得踏波纹管，不要使振动棒触波纹管；在混凝土浇筑过程中，如混凝土表面泌水较多，在不挠动已浇筑混凝土的条件下，用泌水机将泌水排除，并立即查找原因；在混凝土浇筑期间，设专人检查支架、模板、钢筋和预埋件等稳固情况，发现有漏浆、松动、变形、移位时，及时处理；每跨梁留6组标准养护试件外，另制作随梁同条件养护试件3组，其中一组放在底板，另2组放在顶板同条件养护，作为拆模、张拉工序的强度控制依据。混凝土初凝后用浸湿的土工布片覆盖，并经常洒水，保持湿润不少于7天，参见图4-4-6。

图4-4-6 现场检查混凝土坍落度

第五章　细化实施计划，加强现场协调
　　　　——昌都驻地项目办

一、项目概况

昌都驻地项目办负责管理4个标段。其中，公路安全生命防护工程包含提前实施"十三五"公路安全生命防护工程安防第三合同段和提前实施"十三五"公路安全生命防护工程安防投融资全一标（昌都片区）2个标段；公路危桥改造工程包含提前实施"十三五"公路危桥改造工程（第一批次实施）项目第五合同段（昌都片区）和提前实施"十三五"公路危桥工程（第一批次实施）项目第七合同段（昌都片区）2个标段。

昌都驻地项目办共负责实施危桥改造25座/1527.06延米；公路安全生命防护工程47条线路/1324.178km。自2017年4月开始进场实施至2019年12月止，昌都地区所有参建单位按照合同工期要求顺利完成合同所有工程内容，并圆满完成交工验收工作，参见图4-5-1和图4-5-2。

图4-5-1　项目实施前的S201线一段

图 4-5-2 项目实施后的 S201 线同段

二、组织机构

昌都驻地项目办设立工程技术部、计划合约部、安监环保部、综合服务部四个部门，由如下人员组成：

主任由昌都公路分局工程科科长江勇担任；

副主任由昌都交通运输局元旦罗布担任；

总工程师由中交通力建设股份有限公司高级工程师王小旭担任；

工程技术部部长由山南高速养护中心多吉罗布担任，成员包括昌都公路分局工程科杨天春、墨竹工卡高速养护中心陈金；

计划合约部部长由林芝公路分局工布江达养护段刘占文担任，成员包括日喀则公路分局曲水养护段段军军、昌都公路分局工程科郭永前；

综合服务部部长由昌都公路分局路政科登巴挠金担任；

安监环保部部长由昌都交通运输局元旦罗布兼任，成员包括昌都公路分局盐井养护段普布泽仁；

纪检员由昌都公路分局江达养护段加永巴桑担任。

三、工作进展和成绩

安防三标在昌都片区共 42 条线路，其中洛隆县 Y597、芒康县 Z002 因与昌都市交通局在建项目重复，申请了核减。该标段共实施波形护栏196340m，标志标牌1455个，M10浆砌片石7909.75m³，铅丝石笼2587.5m³。

安防一标在昌都片区共8条线路，其中S503线由于与昌都市交通局在建项目重复，申请了核减。该标段共实施混凝土护栏57770m，GR-A-2C波形护栏165036m，GR-A-2E波形护栏38606m，GR-A-4E波形护栏60972m，GR-SB-2E波形护栏12720m，主动防护网3486.2m²，C25片石混凝土挡墙38887.809m³，M10浆砌片石挡墙5497.8m³，标志牌1127个。

危桥五标在昌都片区共24座桥梁，其中4座桥梁与昌都市交通局在建桥梁重复，申请了核减；芒康县金沙江大桥、沙日西泪大桥由于金沙江堰塞湖已被冲毁，其余18座桥梁已经全部完工。

危桥七标在昌都片区共7座桥梁，现已全部完工。

四、重点难点

昌都地势西北部高、东南部低，三条大江与三列山脉相间分布，山脉海拔多在4000～5000m，山脉之间有深邃的河谷，山岭与河谷的高差达1000～2000m。昌都地区因地域辽阔、地形地质构造复杂、交通不畅，使项目施工人员和器械转运极为不便，严重影响到了施工所需原材料的进场，给各标段正常推进施工带来较大困难，参见图4-5-3和图4-5-4。

（一）施工难点分析

1. 人员因素

项目管理是通过对人、财、物的合理调度，实现对工期、质量、安全的全面控制，从而取得最大经济效益的过程。在这个过程中，人是最主要、最能动和影响权重最大的因素，一旦出现组织内部人为的影响因素，常常导致工期无法预控。

2. 资源因素

项目施工过程中，需要配置大量的资源。如果不能对各类资源进行有效整合，使人尽其用、物尽所能，也难以保证进度控制。人力、材料或相关设备不能保障到位，都会导致工期延误。

3. 环境因素

项目所在的位置偏远、海拔高、环境的依赖性很大。恶劣的环境甚至会导致项目管理的严重失效。对项目施工进度影响至关重要的环境因素是地质变化、恶劣气候和

图 4-5-3 S502 线挡墙工程量审核

地方干扰。一旦出现这些情况,不但工期难以保证,项目施工能否继续都成问题,参见图4-5-5。

图4-5-4　左贡县S203线防护网检查验收

图4-5-5　S204线一处路基临河侧被水流冲刷淘空,造成路基路面被毁

4. 技术因素

可能给施工带来困难的技术问题包括：施工组织准备不充分，策划不细致，导致出现问题时缺少应对之策；项目招标设计粗略，施工中设计变更多；贸然采用未成熟的新材料、新技术、新工艺，导致失控；低估某项关键工序的施工难度或费用，导致自身无力实施，外包费用又无法承受；初次进入新的施工技术领域，对其规范、标准、工艺、方法等不甚熟悉，难以统筹全局等。

（二）解决难点的主要措施

针对不同项目的特点，可采取不同的保证进度控制的措施。

1. 细化实施计划，合理配置资源

进入实施阶段后，对进度计划进行细化、调整、补充和完善，编制现场施工进度计划。编制现场施工进度计划时考虑下列因素：合同工期的约束，劳动力数量、素质及工效，周转材料、主材、半成品供应能力，机械设备调度时间及完好状况，地质条件、天气趋势，现场可能出现的干扰等。

2. 加强跟踪检查，侧重预控协调

对施工总进度计划进行逐层分解，形成季、月、周计划及工种、班组作业计划。逐日记录统计已完的实际工程量。每月至少召开一次进度例会，对当月进度进行比对；当发现实际进度与计划进度有差异时，认真分析原因，找出影响因素。针对不同的影响因素，采取不同的纠偏措施并设法在下周的进度计划中将延误的进度补上。

3. 加强现场协调，随时解决问题

项目管理人员大部分时间都在现场检查协调。首先检查围绕进度可能出现的干扰和问题，而不当"事后诸葛亮"。统筹考虑进度、全局、工效和成本。其次不忽视配套和辅助建筑物的工期，防止出现主体进度很快，配套设施及尾工拖得很长的现象，参见图4-5-6和图4-5-7。

昌都驻地项目办积极与地方相关单位沟通，准确了解施工现场周边的水文、气象、地质、地形、交通和人员组成结构；主动走家串户，了解老百姓的诉求，并积极解决当地失业人员的再就业，带动地方的经济发展，为施工营造了有利环境。

五、控制性工程范例

日崩桥位于昌都市察雅县日崩村，是项目的控制性工程，距察雅县县城近70km，原沿线道路基本为宽3m左右的土路，交通极为不便。原桥梁是一座使用木头搭建的

图 4-5-6 左贡县 S203 线波形护栏线形、埋置深度及工程量检查

图 4-5-7　危桥改造五标 2017 年 7 月工作总结会

桥梁，年久失修，仅能供一辆摩托车行驶。改造项目拟在原桥梁上游 10m 处新建一座 3×16m 的简支空心板桥梁，下部采用扩大基础的 U 台和桩基础的桥墩，桥宽 8m。

桥梁建设完成后不但解决了旧桥存在的安全隐患，同时也完善了该区域的交通条件，改善了村民的出行条件，方便了当地群众与外界的交流联系，形成了"建设一项工程、造福一方百姓"的良好局面，参见图 4-5-8 和图 4-5-9。

图 4-5-8　原有的日崩桥

图 4-5-9 新建的日崩桥

第六章 先期学习塑能力，多方协调克难关
——山南驻地项目办

一、总体概况

山南驻地项目办成立于 2017 年 3 月。为了规范化开展工作，项目办积极组织召开了工作会议，同时在办公区域内分别布设了《工程概况及分布情况示意图》和《党风廉政建设宣传栏》，明确了人员工作任务，并且制作了《工地活动掠影》展板等相关宣传、公示牌，让每一位工作人员"牢记初心、不忘使命"。

二、组织机构

山南项目办下设工程技术部、计划合约部、安监环保部、综合服务部等四个部门，由以下成员组成：

主任由西藏自治区高等级公路管理局泽当养护中心副主任李建伟担任；

副主任由山南市曲松养护段副段长尼琼担任；

总工程师由中交一公院中交瑞通高级工程师高鹏担任；

工程技术部部长由青藏公路分局雁石坪养护段副段长扎西米玛担任，成员包括青藏公路分局当雄养护段卜布；

计划合约部部长由青藏公路分局当雄养护段副段长白亮担任；

综合服务部部长由日喀则公路分局工程计划科石志龙担任；

安监环保部部长由山南市曲松养护段尼琼兼任，成员包括日喀则公路分局曲水养护段才旦旺久。

三、前期工作

为了提高项目办工作人员整体的业务水平和能力，以项目办主任牵头组织，总工进行宣讲，在岗工作人员学习的方式，统一部署开展工程项目正式开工前每天饭后一小时的学习交流会议。学习交流的内容包括施工合同工程量的计算、工程图纸的识图、

混凝土浇筑的施工工艺、工程现场检查时需要注意的事项、安全生产、质量控制、进度控制、环境保护等内容，大大小小、有繁有简。通过交流学习，驻地项目办人员提高自己的眼界、加强自身的知识储备，驻地项目办后期工作效率得以提升。

同时，为了工程现场交桩及施工场地巡查的安全考虑，由驻地项目办综合服务部为山南项目办全体工作人员定制了带有"西藏公路"标示的白色安全帽和黄色反光安全背心。考虑西藏地理环境特殊，海拔落差较大，山地山路较多，雨雪天气频繁，行车环境多变等因素，一并购置了随车防滑链、安全三脚架、手持灭火器、安全锥桶、安全彩带等安全设备。同时，为了强化所有工作人员的安全生产意识，由驻地项目办负责人组织召开了全体工作人员的安全生产生活会议，进一步明确安全生产责任，强化安全生产意识，为外业工作做好充分的安全生产准备工作。

四、入场工作

驻地项目办完成组建并进入正常运作中后，全体工作人员开始熟悉未来三年的"战斗现场"——工程施工路线和工程施工位置。

因为西藏自治区公路局提前实施"十三五"公路危桥改造与公路安全生命防护工程涉及的工程点多、线长、面广，更重要的是面临各种严峻的地理环境和多变的气候因素，同时要求多方参建单位同时进行工程施工，为了更好地完成此项艰巨任务，山南项目办提前入场，做好前期准备工作后，按照工程合同签订的内容开始一一督导参建方入场，并严格要求做好项目部的标准化建设。

由于施工点遍布山南全境，任务量大，工作繁重，为促进各施工单位及时、有效地进行现场管理和按质、按量确保工程进度，项目部的设置基本选址在工程量密集、交通便利之处。

由于项目部都设在山脚下或当地村社旁等，驻地项目办工作人员对各项目部开展标准化建设履约检查时往往要翻山越岭、披星戴月，有时一天也只能走到一处项目部进行检查、指导。

五、开工建设

经过一次次履约检查和督导，施工单位的项目部标准化建设完成了工作目标。随后紧张有序地进入到机械、人员入场的开工阶段。2017年4月22日开始，山南项目办组织设计代表、监理单位、施工单位等相关部门分成危桥与安防两个组同时进行了现场交桩和实地踏勘。经过 20 天的不懈努力，于 5 月 12 日完成第一阶段危桥 30 座和公路安全生命防护工程 58 条线路的现场交桩工作。

随后于 2017 年 5 月 16 日，中铁二局工程有限公司承建的第一阶段危桥改造工程第六合同段山南地区共计 30 座中、小桥梁开工。2017 年 8 月 26 日，西藏仁布县达热瓦建设工程有限公司承建的第二阶段危桥改造工程第七合同段山南地区 4 座桥梁开工。2017 年 11 月 15 日，中铁大桥局集团有限公司承建的第二阶段危桥改造工程第八合同段山南地区共计 3 座大桥开工。2017 年 5 月至 9 月，西藏天宇交通有限公司承建的第一阶段公路安全生命防护工程第二合同段、中交路桥建设有限公司承建的第一阶段公路安全生命防护工程第九合同段、西藏天宇交通有限公司承建的第一阶段公路安全生命防护工程全一标合同段依次开工，参见图 4-6-1。

图 4-6-1 西藏自治区公路局党委委员、副局长、纪委书记其米多吉（左三）巡查安防九标

六、攻坚克难

做足了前期准备工作后，驻地项目办便开始了更加艰巨的现场工程质量、进度、环保、安全生产等的把控。在此过程当中，不时会遇到各种各样棘手的问题，此时才是真正考验一个人、一个团体的工作效率和解决问题能力的时刻。山南驻地项目办全

图 4-6-2　山南驻地项目办 2019 年复工后安全暨履约检查

体人员在攻坚克难中经受住了一个个重大考验，见图 4-6-2。

桑日大桥北岸连接 S508，南岸连接 G560；涉及征地的南岸引道长度为 215m，路面宽度 21.5m。全桥南北岸引道总占地面积共计 28.42 亩（其中有占据曲松养护段四工区线内面积，还有桑日县绒乡巴朗村村委会土地）。南岸征地拆迁中曲松养护段四工区线内占地总面积 1600.514m²，其中养护工区房屋占地面积 395.169m²，养护工区其他占地面积 1205.345m²，给施工带来了很大的阻挠，经施工方多次协调未果后及时上报山南驻地办。

驻地办负责人及安监环保部高度重视此问题，组织人员查阅桑日大桥相关征地拆迁的具体文件，并翻阅图纸进行核对，随后赶往现场与曲松养护段就桑日大桥建设中存在的征地问题进行沟通、协商。由于涉及征地的曲松段四工区房屋属集资房，并且该工区用地属西藏自治区公路局所有，曲松段不能越级决定与处理征地问题等因素，驻地办又与设计院进行了沟通，提出了优化方案的建议。设计院经研究表示原则上同意优化方案，但优化后的方案存在降低设计等情况，易与原设计审查批复要求不符，存在一定风险。山南驻地办综合以上情况，在第一时间以书面形式上报项目办，请上级单位予以协助解决。最后经公路局调解，各方达成共识，完美解决了曲松养护段四工区线内占地面积和桑日县绒乡巴朗村村委会土地的征用问题，桑日大桥得以按质按量顺利施工。

达秀桥因所在地海拔高、雨雪天气频繁、平均气温过低，只能在每年5月下旬至9月底施工，且所有的施工机具及材料均从其他县区运输，施工难度很大。在打桩过程中，遇到复杂地质，加之环境限制桥位狭小，为按期完工，施工单位采用24小时轮班制不间断打桩。山路蜿蜒，使外部预制梁板无法安全运至桥址，只能采用满堂支架法进行现场浇筑梁板，以此加快施工进度。施工方案制定好后，在可施工环境下招募当地农牧民为小工，既解决了当地农牧民就业增收问题，又加快了建设进度，最终圆满完成了达秀桥的建设。

泽当大桥横跨雅鲁藏布江中游，是联系山南地区南北交通的重要桥梁，也是山南通往林芝地区的主要通道。项目实施内容为在原桥上游（旁位）新建一座预应力混凝

土连续T梁桥。新建泽当大桥为四车道二级公路，设计车速60km/h，路基总宽度为24.0m。2018年8月，正值大桥下部构造施工收尾阶段，雅鲁藏布江出现百年一遇的洪水。泽当大桥2号系梁因洪水因素干扰，无法正常施工。施工单位决定采用技术较为成熟的钢板桩围堰施工方案，对2号系梁进行封闭施工。经技术部制定施工方案、驻地专业监理审核后，2号系梁于2019年9月进行了钢板桩围堰施工（图4-6-3），保障了泽当大桥整体施工进度。新建泽当大桥于2017年11月开工；历时2年，于2019年11月完成交工验收工作。大桥连通了通往鲁琼商贸物流园、滴兴工业园区等的道路，极大地改善了山南市交通网络，是山南市连接雅鲁藏布江南北两岸的重要通道，相对减少40分钟车程，对于农牧民出行具有极其重要的意义。

桑日大桥距离桑日县城3km，横跨雅鲁藏布江中游，是联系桑日县与山南地区的

图4-6-3 泽当大桥施工中采用锁口钢板桩围堰进行基坑坑壁支护

重要桥梁。桑日大桥桥址区域属高原温带半干旱季风性气候，地处雅鲁藏布江河谷平原，干湿季节明显，降雨量年分布不均衡；地貌为侵蚀堆积宽阔河谷地貌，平坦开阔，地势起伏不大。桑日大桥为四车道二级公路，设计车速40km/h。路基总宽度为21.5m。桑日大桥总体方案为在原桥下游15m处旁位新建10×30m装配式预应力混凝土连续T梁桥，两侧引道与原有道路顺接。新建桑日大桥位于直线段上，桥梁中心桩号为K0+177，与水流流向右偏角度为90°，跨径组合3×30m+3×30m+4×30m，全长308m。桥梁宽度为18m（行车道15.5m，双侧人行道及护栏各1.25m）。第一跨为适应路线平交设计，0号台处桥梁宽度为18.3m，通过调整现浇湿接缝宽度实现桥面变宽。上部结构为装配式预应力混凝土连续T梁（图4-6-4）；下部结构采用肋板台（0号台）、柱式台（10号台）、三柱式桥墩，基础为桩基础，墩台径向布置。

新桑日大桥建成后，成为连接曲松县、加查县的重要通道，为山南市跨越性发展和长治久安提供了有力保障。

图4-6-4 桑日大桥T梁架设

第五篇 民 生 篇

第一章 确保农村公路长期发挥效益，推进"四好农村路"建设
——拉萨片区民生工作

拉萨作为中国西藏自治区的首府，是西藏的政治、经济、文化和宗教中心，也是藏传佛教圣地。拉萨位于西藏高原的中部、喜马拉雅山脉北侧，平均海拔3650米（要防内源氧缺乏症），地处雅鲁藏布江支流拉萨河中游河谷平原，拉萨河流经此，在南郊注入雅鲁藏布江。全年多晴朗天气，降雨稀少，冬无严寒，夏无酷暑，气候宜人。全年日照时间在3000小时以上，素有"日光城"的美誉。拉萨境内蕴藏着丰富的各类资源，相对于全国和西藏自治区其他地市，具有较明显的资源优势。作为首批中国历史文化名城，拉萨以风光秀丽、历史悠久、风俗民情独特而闻名于世，先后荣获中国优秀旅游城市、欧洲游客最喜爱的旅游城市、全国文明城市、中国特色魅力城市、中国最具安全感城市等荣誉称号。交通四通八达，有109国道、318国道等主要干线公路经过，让拉萨市与林芝市、日喀则市乃至青海省密切联系在了一起；更有无数条农村公路贯穿于各大乡、镇、村之间，有效带动了各区域政治、经济和文化的不断发展，为打赢脱贫攻坚工作提供了有力保障。

全区农村公路里程占整个区域路网里程总长的比例较高，功能更侧重于服务功能，为本区域及邻近区域的老百姓提供了方便的出行条件。与干线公路相比，农村公路与老百姓的各种出行需求等切身利益，有着更为直接、具体而密切的联系。农村公路技术等级相对较低，以四级公路为主，而且山高谷深、临水临崖、陡坡急弯等危险路段较多，安全警示标识、附属设施严重缺失，安全隐患大，陈旧的临时性钢架桥及四五类危桥又严重制约着当地政治、经济和文化的发展。公路危桥改造工程和公路安全生命防护工程的实施，确保了农村公路的安全通行和长期发挥效益。

2015年8月召开中央第六次西藏工作座谈会以来的5年间，西藏交通运输部门深入贯彻习近平总书记关于"四好农村路"建设的一系列重要指示精神，在自治区党委、政府的坚强领导和交通运输部的指导支持下，全力推进"四好农村路"建设，取得重大进展，为打赢脱贫攻坚战、实施乡村振兴战略、服务全区经济社会发展和农牧区百

姓安全便捷出行提供了坚实的交通保障。

危桥安防项目作为"四好农村路"建设的一部分，对改善道路通行状况，促进沿线社会经济发展、加快西藏旅游发展、加速地区之间的交通联系，促进公路网整体效益的发挥具有十分重要的意义。通过各参建单位的不懈努力，拉萨片区完成改造危桥 20 座、公路安全生命防护工程 21 条线路 /620.54km，带动拉萨市 2 区 5 县创收达 60 余万元。

"四好农村路"建设取得历史性进展，真实体现了"和谐社会，以人为本"的理念。做好农村公路危桥改造和安全生命防护工程，对提高农村公路的安全性能、保障人民群众生命财产安全具有重要意义，对助推全西藏打赢脱贫攻坚战、全面建成小康社会发挥了重要作用。

第二章　和谐地方赢得拥戴，产业发展立竿见影
——日喀则驻地项目办民生工作

提前实施"十三五"公路危桥改造与公路安全生命防护工程急需项目是一项为民办事、办好事的"民心工程"和"德政工程"，是"立党为公，执政为民""为人民服务"的具体体现。

日喀则项目办是西藏自治区公路局提前实施"十三五"公路危桥改造与公路安全生命防护工程项目办的分支机构，负责对日喀则市和阿里地区施工的各参建单位的管理协调工作。为了认真贯彻落实党中央、国务院和西藏自治区政府关于民生工作的会议精神，以及西藏自治区公路局危桥改造工程与公路安全生命防护工程项目管理办公室的工作安排，日喀则项目办同各参建单位重视民生工作，确立了加大宣传、精心组织、强力推进、稳步实施的工作思路，在实施方案、工作计划制订到具体工作实施的每个环节中层层落实。

日喀则项目办负责实施的提前实施"十三五"公路危桥改造工程与公路安全生命防护工程项目惠及民生的主要表现，一是工程项目极大地促进了日喀则与阿里地区经济社会的发展，增加了当地村民的就业机会，为促进当地老百姓的脱贫致富起到了积极的作用；二是该项目的建设使当地交通更加安全畅通，降低了交通事故发生及死亡率，极大地改善了当地老百姓的出行条件；三是该项目的建设为全区打赢脱贫攻坚战提供了坚强有力的基础保障，参见图 5-2-1。

一、防汛抗洪，保障村民出行

工程建设期间，每逢汛期将至，日喀则项目办均响应西藏自治区交通运输厅和公路局安全生产防汛保通的号召，要求施工单位立即成立防汛小组并经常进入施工现场逐一排查危险源。

2017 年 7 月 4 日夜，日喀则昂仁县降下大雨，昂仁县 Y232 线日吾村的进村道路多处被冲毁，造成交通中断。7 月 5 日早晨，中建路桥有限公司防汛小组果断停止一切施工，组织人员机械进行抢修。参与抢修的全体员工为了当地村民的安全出行，不

图 5-2-1 项目实施前,自然条件造成的安全隐患问题突出

惧恶劣的环境，高负荷工作，对破损的道路进行抢修。为提高工作效率，项目部投入多台施工机械和多组施工人员合理搭配，对多处水毁点同时进行抢修，实现快修。全体人员克服环境差、海拔高等困难，充分发挥特别能吃苦、特别能打硬仗的精神，经过连续一天半的抢修工作，于7月6日早晨使道路畅通；并在第一时间给当地村民带去慰问品，彰显了"中华民族一家亲"的美德，参见图5-2-2和图5-2-3。

图5-2-2　中建路桥集团有限公司青年突击队防汛抗洪演练

图5-2-3　Y232线施工单位派出人员和机械抢修被大雨阻断的道路

二、和谐地方，赢得百姓拥护

日喀则项目办片区内的提前实施"十三五"公路危桥改造与公路安全生命防护工程，极大改善了当地老百姓出行便利和出行安全。

危桥改造工程的实施，极大改善了路网整体的运营效率和安全系数，不仅保障了桥梁安全，同时为适应新时期的道路运输需求，通过技术等级的进一步提高，极大满足了老百姓出行需求和当地经济发展需要。公路安全生命防护工程的实施，极大限度地提高了公路运输的安全保障能力。特别是针对寺庙专用道路，在施工过程中高标准、严要求控制施工质量，为藏族同胞前往寺庙祈福降低了交通事故率、增加了生命保障。通过从源头设计中就开始的风险评估，再到现场施工过程中结合当地交管、养护、安监等部门的相关数据和建议，进一步完善了设计方案，在项目实施后，极大改善了道路交通安全保障能力，得到了各级主管部门和当地百姓的一致认可。

项目实施全过程中，通过雇佣当地村民为当地创造就业岗位共计2911人次，租赁当地机械、购买当地施工材料为当地创收共计2676万元，增加当地税收2537万元。同时，在项目实施过程中充分发挥和调动企业的社会责任感，组织开展扶危济困帮扶活动、为捐助考入大学的贫困学生等一系列社会公益活动，得到了当地百姓的一致好评和锦旗致谢，参见图5-2-4。

图5-2-4 系列社会公益活动赢得群众赞誉

三、促进产业发展，惠及民生

提前实施"十三五"公路危桥项目带动了日喀则市物流业、旅游业等事业的快速发展，提高了当地村民的收入及农牧科技的应用和推广，有利于桥梁两岸群众的安全往返，直接促进了群众的生命安全和身心健康发展，完善了交通运输体系，甚至对于巩固国防安全、维护地区社会稳定具有重大意义。

（一）物流业的发展

物流业的兴盛能够有效地推动地方经济中的商业贸易的发展，加强地方与外界的交流和联系，对于促进地方经济发展有着无可比拟的作用，而便利的交通是物流业发展所必须的条件之一。同时，由于运输成本是物流业成本的主体，大力缩减运输成本能够有效提高物流业的经济效益，因此公路的安全畅通将使物流业极大地节约成本，同时运输时间也大为减少，运输效率大为提升。

2019年年底，公路安全生命防护与公路危桥改造项目全部实施完成。日喀则市与阿里地区项目实施结束后邮政业务的情况反映是，项目建设在推动物流业发展上有着十分巨大的积极作用。

1. 日喀则市2020年1～4月邮政业运行情况

2020年1～4月，日喀则市邮政企业和规模以上快递服务企业业务收入（不包括邮政储蓄银行直接营业收入）累计完成2005.4万元，同比上升14.31%；业务总量累计完成1559.33万元，同比上升11.75%。

其中4月份邮政企业和规模以上快递服务企业业务收入（不包括邮政储蓄银行直接营业收入）完成331.58万元，同比上升6.65%；业务总量完成289.69万元，同比下降0.12%。

2020年1～4月，日喀则市邮政寄递业务服务量累计完成841.06万件，同比上升6.40%，其中邮政包裹类服务业务量完成0.05万件，同比下降81.48%；邮政寄递服务业务收入累计完成281.97万元，同比下降5.65%，其中邮政包裹类服务业务收入完成0.81万元，同比下降89.82%。

4月份邮政寄递业务服务量累计完成212.11万件，同比上升5.90%，其中邮政包裹类服务业务量完成0.01万件，同比下降80%；邮政寄递服务业务收入累计完成77.58万元，同比上升8.44%，其中邮政包裹类服务业务收入完成0.22万元，同比下降87.64%。

2020年1~4月，日喀则市快递服务企业业务量累计完成10.53万件，同比上升95.22%。业务收入累计完成166.86万元，同比上升4.08%。其中，同城业务收入累计完成16.74万元，同比上升96.02%；异地业务收入累计完成120.01万元，同比下降0.88%；国际及港澳台收入累计完成0.18万元，同比下降74.65%；其他收入累计29.93万元，同比下降0.20%。

4月份快递服务企业业务量完成4.44万件，同比上升155.22%；业务收入完成57.38万元，同比上升23.48%。

2. 阿里地区2020年1~4月邮政业运行情况

2020年1~4月，阿里地区邮政行业业务收入（不包括邮政储蓄银行直接营业收入）累计完成948.89万元，同比增长38.86%；业务总量完成665.43万元，同比增长20.17%。

4月份阿里地区邮政行业业务收入（不包括邮政储蓄银行直接营业收入）完成143.91万元，同比增长9.74%；业务总量完成95.67万元，同比下降26.38%。

2020年1~4月，邮政寄递业务服务量累计完成298.31万件，同比增长24.31%，邮政寄递服务业务收入累计完成129.79万元，同比增长6.74%。

4月份邮政寄递业务服务量完成75.42万件，同比增长22.73%，邮政寄递服务业务收入完成38.73万元，同比增长15.10%。

2020年1~4月，阿里地区快递服务企业业务量累计完成1.97万件，同比增长53.76%。其中，异地业务量累计完成1.37万件，同比增长11.46%；同城业务量累计完成0.61万件，同比增长967.37%。快递业务收入累计完成66.01万元，同比增长89.36%。其中，异地业务收入累计完成42.86万元，同比增长52.47%；同城业务收入累计完成16.90万元，同比增长712.50%，其他业务收入累计完成6.25万元，同比增长33.83%。

4月份阿里地区快递服务企业业务量完成0.84万件，同比增长65.40%。其中，异地业务量完成0.53万件，同比增长13.04%；同城业务量完成0.31万件，同比增长761.58%。快递业务收入完成27.19万元，同比增长92.43%。其中，异地业务收入完成14.73万元，同比增长45.41%；同城业务收入完成7.90万元，同比增长364.71%；其他业务收入4.56万元，同比增长98.26%。

2020年1~4月，同城业务量占比30.71%；异地业务量占比69.29%，国际及港澳台业务量占全部比例0.00%。同城业务收入占比25.60%，异地业务收入占比

64.93%，国际及港澳台业务收入占比 0.00%，其他业务收入占比 9.47%。

4月份同城业务量占比 36.44%；异地业务量占比 63.56%。同城业务收入占比 29.05%，异地业务收入占比 54.17%，其他业务收入占比 16.77%。

（二）旅游业的发展

项目的建设保障了农村道路的安全通行，使得人们能够轻松顺心去往农村旅游，体验农村生活，促进了自驾游、农家乐等旅游业的发展。基于此，地方政府可以大力发展地方特色，开发旅游景点，从而推动地方经济的发展，增加地方经济的效益，促进老百姓脱贫致富。例如，项目在定日县所设置的安全生命防护工程为每年旅游季前来目睹珠峰雄伟壮丽的登山爱好者、游客保驾护航；危桥改造工程中的东嘎大桥位于日喀则市桑珠孜区东嘎乡附近，是S203线连接东嘎乡至日喀则市的桥梁，为东嘎乡侧的东嘎林卡度假村发挥其旅游资源相对比较丰富的优势提供了有力的基础保障（旅游季路段高峰期交通量见表5-2-1）。

东嘎大桥2013—2015年旅游高峰期交通量汇总表（单位：pcu/d）　　表5-2-1

年份	小货	中货	大货	特大货	集装箱	小客	大客	摩托车	拖拉机	合计
2013年	212	320	88	43	29	749	54	170	1160	2825
2014年	227	326	83	0	41	798	56	166	1045	2742
2015年	268	263	190	0	42	785	24	114	1021	2707

四、万众一心、砥砺前行，为脱贫攻坚完善交通保障

交通建设是西藏脱贫攻坚的排头兵，是一切脱贫项目的基础保障。危桥改造与公路安全生命防护工程的工作重点就是国、省重点线路的危桥改造升级（图5-2-5，图5-2-6），县、乡主干线和寺庙专线的新修桥梁和公路安全生命防护设施的安装完善。在西藏自治区领导殷切关注，交通运输厅、公路局科学部署，日喀则驻地项目办全体工作人员及所有参建单位共同努力，推进公路条件不断改善的局面下，沿线一个个农村合作社成立了起来，一座座工厂、一个个蔬菜大棚、一条条特色农牧业生产线被建了起来，一条条交通线路将各种特色产品运送至全国各地，为全区农牧民增加收入、摆脱贫困创造了有利条件。在这一系列的努力中交通建设正是最关键

图 5-2-5 站在旧东嘎大桥上望向建设中的新桥

图 5-2-6 新建的东嘎大桥使用混凝土护栏,安全性大幅提高

一环，为西藏2019年实现全部县（区）脱贫摘帽工作创造了坚强有力的基础保障。

在项目施工过程中，全体干部职工牢记脱贫任务的重要性，想尽各种办法，立足项目本身，帮助沿线百姓创收，为脱贫攻坚再出一份力。在项目施工初期，驻地项目办与各施工标段负责人进行沟通，实现了各施工单位支持西藏自治区脱贫攻坚工作，为本地脱贫工作出一份力，在条件允许的情况下，尽量雇佣当地村民和使用本地符合工程需要的材料及机械；并由日喀则驻地项目办监督施工单位及时支付雇佣人员及租赁机械、购买材料等相关费用。项目共雇佣本地人员2911人，购买砂石料等各种地材3454万元，租用本地各种机械费用1284万元，为当地带来直接经济效益12864万元；得到了各县、乡政府，驻村工作队以及各村委会的肯定和感谢。

第三章 破解民生难题,践行党的根本宗旨
——那曲驻地项目办民生工作

改善民生是中国共产党的性质和宗旨的本质体现。能不能把人民群众最关心的民生问题解决好,是对党的执政能力的重要检验;只有不断破解民生难题,才能赢得人民的信任和支持,因此必须把构建和谐社会落实到人民的生存、发展和幸福等问题之上,把全心全意为人民服务落实到一系列具体的惠民政策之中;只有这样,才能更好地践行党的根本宗旨。

西藏自治区公路局提前实施"十三五"公路危桥改造工程与公路安全生命防护工程急需项目,是一个对群众生命财产安全、区域路网完善、地方经济发展、社会稳定及国防安全等民生问题都具有重要意义的项目,参见图5-3-1和图5-3-2。

图5-3-1 改建前的藏布2号桥

图 5-3-2 改建后的藏布 2 号桥

一、项目建设的民生意义

（一）消除交通瓶颈、保障道路安全畅通

那曲片区桥梁点多、面广，大部分位于重要的地方道路上。危桥成为道路上的"通行瓶颈"，不仅降低了道路的通行能力，而且存在不小的安全隐患。该项目的建设有利于消除安全隐患，保障道路安全畅通，参见图 5-3-3 和图 5-3-4。

图 5-3-3 改建前的察多桥

图 5-3-4 改建后的察多桥

（二）健全综合交通运输体系，改善区域交通环境

危桥改造升级，健全和改善了地区交通运输体系、交通运输环境，对巩固国防、反对分裂、实现社会长治久安、转变经济发展方式、增强地区自我发展能力、建设国家安全屏障等具有重要意义。

（三）加快区域基础设施建设步伐

中央第六次西藏工作座谈会指出："西藏要发展，必须加快基础设施建设步伐，发展公路、航空、水运等交通运输事业，促使西藏经济社会实现跨越式发展。"面对区域道路通行能力弱，交通条件相对滞后的状况，为发展经济，让群众早日脱贫致富，危桥改造建设十分必要。

（四）助力建设社会主义新农村

那曲片区桥梁位于道路的关键节点上，桥梁及接线病害严重，区域交通运输十分不便，严重制约了当地经济的发展，影响了当地村民的生产生活。"要想富，先修路"是沿线广大农牧民群众的共同呼声。项目的建设有利于项目区经济的快速发展，有利于改善农牧民群众的生产生活条件，有利于人民群众致富奔小康，有利于推进社会主义新农村建设，参见图 5-3-5 和图 5-3-6。

图 5-3-5 改建前的加才桥

图 5-3-6 改建后的加才桥

（五）发展地方经济、保障农牧民群众生命财产安全

桥梁通行的限制，影响了当地的经济、文化、教育等事业的快速、健康发展，阻碍了群众收入的提高和农牧科技的应用及推广，不利于桥梁两岸群众的往返，直接影响了群众的生命安全和身心健康发展。危桥改造升级可确保群众生命财产不受损失，改善当地农牧民群众生产、生活条件，确保群众生产、生活的正常开展，为地方经济稳步发展提供良好的基础环境，推动当地经济发展，促进农牧民增收，参见图 5-3-7 和图 5-3-8。

图 5-3-7 改建前的藏布 1 号桥

图 5-3-8 改建后的藏布 1 号桥

二、建设过程中的惠民举措

为更加深入全面地贯彻造福当地村民的中心思想，结合当地经济情况，项目在施工作业中大力聘用当地劳动力，帮助当地村民创收，施工现场运输车辆、装载机等工程机械也尽量采用当地机械。同时，项目在劳务人员的住宿饮食上也针对其不同的饮食习惯对每日餐饮进行调整，让参与建设的当地老百姓不光工作开心，业余生活也过得开心。

自 2017 年 3 月入场起，项目各参建单位先后在机械操作手、保洁人员、搬运工、泥工、钢筋工、木工等岗位上，帮助那曲各县农牧民实现临时就业一千多人；并按照驻地项目办下发的施工组织计划要求，有序地组织开展对当地农村户籍务工人员的施工技能培训及技术交底，指定技术员采取"传、帮、带"的形式教授技能，提高当地农村户籍务工人员对工程建设技能的掌握。项目实施过程中，累计租赁当地老百姓的运输车辆500多辆，挖掘机14辆，吊车7辆，累计为农牧民增收500多万元。参建单位还招收西藏籍高校毕业生多名，服务于农牧民增收致富，减轻社会就业压力作用明显。

第四章 打开特产致富突破口，激活旅游资源优势
——林芝驻地项目办民生工作

林芝项目办负责提前实施的"十三五"公路危桥改造工程与公路安全生命防护工程项目，在加快公路交通基础设施建设，提高运输服务水平，全面提升公路安全服务水平，促进道路交通安全形势持续稳定好转等民生工作方面发挥了积极作用。

一、促进区域经济的发展

危桥改造工程与公路安全生命防护工程实施过程复杂且综合性比较高，需要各方面的综合协调，尤其是与当地的市场经济直接挂钩。例如，安防与危桥项目实施过程中，砂石、水泥等原材料主要由地方的产业供给，且需求量极其庞大，这直接为当地的水泥制造厂及砂石料场增加了经济效益。此外林芝地区群众总体收入方式比较单一；项目的建设很大程度上解决了当地闲置劳动力的就业问题，为当地群众提供了一定的经济收入。

喜马拉雅山脉和念青唐古拉山脉由西向东平行伸展，东部与横断山脉对接，造就了林芝地区热带、亚热带、温带及寒带气候并存的气候特点，形成了这里奇特的雪山和森林的世界，孕育了波密天麻、朗县核桃、林芝松茸、墨脱石锅、藏毯、八角、贝母、波密麝香、波密雪莲、藏帽、藏式木碗、藏猪、草乌、大花黄牡丹、冬虫夏草、高原灵芝草、钩藤、红景天、花椒、墨脱香蕉、金耳等特产。靠山吃山，靠水吃水，这些特产成了当地群众最主要的经济来源，但由于原有农村路通行情况的制约，导致当地村民与外界的物流和商贸交流存在困难。项目的实施是带领农民脱贫致富的重要突破口，清除了山区所存在的天然障碍，加速了统一市场的形成，又进一步促进了不同产业之间的调整组合，推进区域经济一体化、产业发展规模化、企业经营集约化，促进农村第三产业的发展；同时也降低了生产资料的运输成本，可以促进农副产品的精加工和附加值的迅速提高，有利于对山区各种产业进行广度、深度、内涵和外延等方面的调整和优化，以提高劳动生产率，对实现农业增效和农民增收，推动地方老百姓的生活水平奔小康起到了积极的作用。

二、推动旅游业的发展

林芝总面积约11.7万km^2；聚居着藏、汉、回、怒、门巴、珞巴、独龙、纳西、土家、傈僳等35个民族，总人口23.8万人；地区地处藏东南雅鲁藏布江中下游，平均海拔3100m，气候湿润，景色宜人，主要景区有尼洋河谷景区、帕隆藏布江景区等，被称为西藏的江南，旅游资源丰富。

长达30km的波密桃花沟（图5-4-1），遍布20万株平均树龄在400年左右的野生桃树。

第五篇 民 生 篇

图 5-4-1　波密桃花沟

　　嘎拉桃花村的乡村公路两旁，尽是百年野生桃树，桃花林中散落着色彩斑斓的藏式房屋、田野和悠闲的牛群，道路宛若在桃花源中，伸向远方，耸入云上的雪山（图 5-4-2）。

　　米林县南伊沟又称药王谷，是一条纵深 40 多 km 的峡谷溪涧，有保护完好的天然原始森林，四周群山环抱，云雾缭绕，是名副其实的绿色秘境，有长约 1050m 的原生态森林浴观景栈道，穿过牧场抵达原始森林深处，沟内还有珞巴民俗村，不但可以体验珞巴族服饰，品尝珞巴族美食，运气好的话还能看到珞巴族狩猎捕获的猎物。

　　巴松措又名措高湖，湖面海拔 3700 多米，湖面面积达 6 千多亩，是红教的一处著

131

图 5-4-2 嘎拉桃花村的乡村公路

名神湖和圣地,是国家 AAAAA 级景区、国家森林公园。

雅鲁藏布大峡谷是地球上最深的峡谷,具有从高山冰雪带到低河谷热带雨林等 9 个垂直自然带,汇集了多种生物资源,其中一些主体瀑布落差都在 30~50m。

每年的旅游旺季,各旅游景区客流量很大,但是交通基础设施远远达不到标准要求。专用的旅游路线路况很差,质量不符合标准,大大影响了游客旅游的兴致。尤其是在双休日或法定黄金周、小长假,由于道路的病害较多,往往导致路途花费时间远大于在景区的时间,并且路上还会出现不同程度的交通堵塞现象。提前实施"十三五"危桥改造与公路安全生命防护工程(林芝片区)项目,通过不断完善交通基础设施建设,改变其区位闭塞的劣势,形成良好的生产、生活、旅游和投资环境,极大促进了当地旅游业的发展,参见图 5-4-3~图 5-4-5。

第五篇 民 生 篇

图5-4-3 药王谷绿色秘境

图 5-4-4 巴松措

图 5-4-5　游人流连的大峡谷

三、大幅度提升交通能力

林芝地区山势连绵高峻，地质灾害频发，海拔高，山高谷深、临水临崖、陡坡急弯等危险路段较多，且农村分布广。农村公路里程占整个区域路网总里程的比例较高，技术等级相对较低，以四级公路为主；原有安防工程部分护栏由于灾害或人为因素已损坏或缺失，部分护栏设置不合理；部分陡坡弯道路段仅设置护墩，只有一定的视线诱导作用，但是防撞等级不够，无法起到被动防护的作用；部分视距不良路段缺少安

全设施、减速标线，存在安全隐患；交通标志、标线不规范、不统一，损坏缺失严重，不能满足安全行车要求。原有桥梁大部分超出正常使用年限，加之林芝地区频繁爆发山洪，泥石流对桥梁破坏很大，砂砾河床墩台被冲刷，部分结构出现严重的病害，都影响着桥梁自身安全。公路安全生命防护工程和危桥改造工程急需建设完善，以确保农村公路安全通行、长期发挥效益。

提前实施"十三五"公路危桥改造工程与公路安全生命防护工程，消除了危桥带来的安全隐患，提高了区域的交通条件，大大方便了村民与外界的联系。项目实施后，沿线所涉及的公路均未再发生特别重大、重大公路交通事故，参见图5-4-6和图5-4-7。

图 5-4-6　原雪巴桥

图 5-4-7 新建雪巴桥

第五章 促进区域经济社会发展，提升交通安全畅通水平
——昌都驻地项目办民生工作

昌都项目办负责提前实施的"十三五"公路危桥改造工程与公路安全生命防护工程（昌都片区）项目，认真贯彻落实"党中央、国务院和西藏自治区政府关于民生工作的会议精神"以及"西藏自治区公路局危桥改造工程与公路安全生命防护工程项目管理办公室"的工作安排，从两个方面落实民生工作：一是极大地促进了昌都地区经济社会的发展，对促进当地老百姓的脱贫致富起到了积极的作用；二是使当地交通更加安全畅通，降低了交通事故的发生及死亡率，极大地改善了当地老百姓的出行条件。

一、促进区域经济的发展

提前实施"十三五"公路危桥改造工程与公路安全生命防护工程（昌都片区）项目的建设与昌都地方经济的发展和当地老百姓的脱贫致富息息相关，是密不可分的。常言道，"要想富，先修路"——只有交通便利、安全，才能够将地方经济的特色输送到更广阔的市场，所以地方经济要想发展，就必须完善地方的基础设施建设；老百姓的脱贫致富，离不开公路的建设。昌都片区项目的建设对地方经济发展和老百姓脱贫致富的促进主要表现在直接带动和间接拉动两个方面。

（一）直接带动地方经济发展

1. 带动相关产业的发展

危桥改造工程与安全生命防护工程是一个庞大而又复杂的项目，建设所需要的原材料、机械等都需要由地方相关产业提供。比如在混凝土护栏的建设中，所需要的水泥主要由地方的水泥制造厂供给，而且项目建设所需的水泥用量非常大，这直接为当地的水泥制造厂增加了经济效益。又如建设材料的运输，增加了当地运输业的经济效益，对当地运输业发展有极大的促进作用。此外，项目的建设还会涉及地方砂石材料的使用、机械工具的应用，这些都会为当地增加一定的经济效益，参见图5-5-1。总而言之，项目建设本身就会对地方经济的发展起到促进作用，尤其是在带动运输业、制造业等一系列相关产业的发展上起到排头兵的作用。

图 5-5-1 吉塘镇砂厂现场取样

2. 增加就业机会

项目的建设需要很多人的参与,并且要耗费相当长的时间才能够完成,所以在项目建设的过程中,为了加快工程进度,很多时候需要从当地招募专业工作人员,这就使得一些没有职业的当地人员得到了工作的机会。此外,项目建设还需要一些临时的工作人员,比如泥工、钢筋工、木工等,同样需要聘用当地的闲置人员,由此大大增加了地方的就业的机会,为当地政府缓解了部分闲置人员零收入的问题。

自 2017 年入场以来,各参建单位先后在机械操作手、保洁人员、电焊工、泥工、钢筋工、木工等众多岗位上,帮助昌都地区农牧民转移就业 2894 人,其中城镇闲置人员 482 人,农牧民 2412 人;同时有序地组织开展了对老百姓的施工技能培训。此外,项目实施过程中累计租赁老百姓的运输车辆 57 辆,挖掘机 12 辆,吊车 8 辆,累计为农牧民增收 457.81 万元;依托 5 家项目区域内的工程建设、监理类企业招收西藏籍高校毕业生 25 名,服务农牧民增收致富、减轻社会就业压力作用明显。被聘用为挖掘机司机的洛松晋美说,"安防三标"稳定的薪酬让他在闲置时间内能够有一份工作，拿到了16800元，改善了家庭的收入；很感激"安防三标"在自己待业时提供了工作岗位。

（二）间接拉动地方经济发展

1. 带动当地销售行业发展

项目的建设使原有公路的安全等级得以提高，改变了地方原有的交通条件，地方销售产品的效益由此得到了提高。在项目建设前，大部分农村公路安全等级低，一些桥梁是1m宽的木板桥或者危桥，仅能使摩托车通过，无法供货车行驶，导致当地老百姓出行极为困难，平时采购生活物资或者运送自己村里的农副产品极为不便。项目的建设，极大地改变了当地农村出行困难的局面，加强了农村与外界城镇的沟通，使得许多农产品可以运输出去，增加了农产品的效益，而且使村民可以带回大量的生产生活所必需的物资，大大地提高了村民的生活水平。总之，项目的建设极大地促进了区域之间的物资交换，优化了资源配置，对推动地方老百姓的生活水平奔小康起到了积极的作用。

2. 推动物流业的兴起

便利的交通是物流业发展所必须的条件之一，也有助于物流业节约成本、缩短运输时间、提升运输效率。

3. 推动旅游业的发展

项目的建设，使农村道路的安全不再无法保障，桥梁不再无法通行，使得人们驾车去往农村旅游成为可能，促进了自驾游、农家乐等旅游业的发展。在此基础上，地方政府可以大力发展地方特色，开发旅游景点，从而推动地方经济的发展，增加地方经济效益，促进老百姓脱贫致富。

二、提高农村公路的安全性能

昌都市农村公路数量多，分布广，里程占整个区域路网总里程的比例较高，技术等级相对较低，以四级公路为主，而且危险路段较多，存在安全警示标识、附属设施缺失问题，安全隐患大。加之区域内汽车保有量剧增，驾驶人员素质参差不齐，所以急需建设完善公路安全生命防护工程，确保农村公路安全通行、长期发挥效益。

提前实施"十三五"公路危桥改造工程与公路安全生命防护工程（昌都片区）项目的建设，真实体现了"和谐社会，以人为本"的理念，对提高农村公路的安全性能、保障人民群众生命财产安全具有重要意义，参见图5-5-2～图5-5-5。

第五篇 民 生 篇

图 5-5-2 原尼亚中桥

图 5-5-3 新建的尼亚中桥（左）对于提升当地交通安全畅通水平意义重大

图 5-5-4 原吉卡一号桥

145

图 5-5-5 原址重建的新吉卡一号桥安全性得到大幅提升

（一）提升了交通安全畅通水平

1. 制约农村公路安全运行的主要因素

（1）自然环境条件差，农村地区道路通行能力不足

已建成的公路中，农村道路部分存在低等级公路所占比例较大、道路狭窄、路面较差、依势而建、坡陡临崖路段多的现象。随着农村汽车、拖拉机等各类交通运输工具日益增多，交通流量不断加大，尽管道路建设在加强，但通行能力仍显不足，运行条件仍适应不了发展的需求。

（2）道路建设缺乏科学性和技术性

道路建设大多未通过正规的设计规划，均按原有的线形施工，由此形成质量不高、承载能力不强、安全性不可靠的道路，仅能供小微型车辆通行，无法承载大中型运输车辆的通行，加之大型车辆往返农村运营农产品日益频繁，而相应的道路标志、标线未能配置到位，因此运行安全问题依然存在。

（3）道路维护和防护措施尚未形成

乡村道路保通后，后续维护管理基本上无人问津，一些为保障安全必须设置的防碰撞、防翻覆、防超速及急弯、陡坡、险路等设施和警示标志未能建成或安装到位，同样造成潜在的安全隐患。

2. 保障公路安全的处置措施

在 2015 年年底，昌都市各县交通运输局对辖区内农村公路隐患路段的排查显示，山高谷深、临水临崖、陡坡急弯等路侧危险路段占隐患点总量的 49.36%，平面交叉类型隐患占全部隐患点总量的 23.63%。

根据排查出的隐患类型，结合西藏农村公路的特点，按照安全、有效、经济、实用的原则，选择的处治措施主要有：山高谷深、临水临崖、陡坡急弯等路侧危险路段设置波形护栏、混凝土护栏（图5-5-6）；下坡路段前设置下坡或急弯警告标志，必要时可设置限速或建议速度标志；进入弯道前设置减速标线以及路侧护栏和线形诱导标；无法移除影响视距的障碍物时，设置广角镜；交叉口处设置停车让行标志、减速设施、行人标志及人行横道线；在车流量较大的交叉路口和学校等路段设置黄闪灯等。在选择处治措施选择时，结合现场勘查结果，充分考虑实际情况和资金投入，区分轻重缓急，先行解决安全风险等级高的路段，最大限度降低交通事故损失。

图5-5-6　S303线波形护栏基础尺寸及强度现场检查

例如，设计方案时，对于视距的检验主要针对凸型竖曲线、弯道等路段进行。对弯道边坡杂物及内侧植物阻挡行车视野的情况，首先通过铲除杂物、对树木进行修剪等方法尝试改善。当弯道内侧的土丘及山体阻碍行车视野的时候，考虑了削挖山丘或者山体来改善行车的视距；同时为了避免带来不良后果，特别注意了开挖方法对山体的安稳造成的影响。

平面交叉因为不同方向车流存在直接冲突点，运转安全问题比较突出。平面交叉口最基本的安全保证办法是保证行车视距，为此留出了通视三角区空间，且对该区域可种植草或栽植矮小灌木，但不可设置广告牌等通视障碍物。受实际条件限制，无法完全满足视距要求时，进行了必要的交通工程处置，如设置凸面镜及禁止超车、让行标志等。

项目既采取了"主动"的预防措施和容错措施，也在必要时采用了"被动"的防护措施。在深入论证分析的基础上，采用改进线形等土建工程措施，从根本上降低公路交通风险。采用警示、诱导、提高通视距离等措施，降低交通事故发生概率，有效改善公路行车环境。通过设置合理的路侧净区为驾驶人提供容错空间，减轻事故损失。

此外，由于不当的防护设施自身也可能成为一种障碍物，因此防护设施的设置经过了充分论证，避免盲目设防和过度设防，参见图5-5-7。设计完成后，还在实施路段现场进行设计方案论证，校核检查设计的工程措施是否针对路段实际情况，是否与

图 5-5-7　洛隆县 S502 线防撞栏强度检查

现场环境协调，是否与前后路协调，是否便于现场实施等。

（二）降低了交通事故发生率

随着农村社会经济的发展和农民群众生活水平的提高，老百姓出行的主要交通方式正在逐步由步行、自行车及畜力车等非机动车交通为主加速向摩托车、轻便摩托车、低速载货汽车（亦即三轮、四轮农用车）和拖拉机等"五小"机动车辆，尤其是以摩托车为主体的机动车交通方式的转变。农村机动车和驾驶人的数量猛增，一定程度上加剧了农村地区人、车、路的矛盾，农村公路交通安全形势十分严峻。

同时，农村公路普遍宽度不够，技术等级低，路况差，缺乏安全防护设施和交通标志标线，有的年久失修，通行能力差，存在较大的交通安全隐患。并且，由于养护资金严重不足、专业养护人员缺乏，农村公路部分乡道及大部分村道基本处于失养状态。某些农村地区在蔬菜、水果、粮食上市的季节，有大量的大货车频繁地向外运输农作物，使得道路不堪重负，破坏严重，且得不到及时的修复，以致交通拥堵频发。

危桥改造与公路安全生命防护工程项目实施后，项目沿线所涉及的公路均未发生特别重大、重大公路交通事故（图5-5-8）。

图5-5-8　新建香堆桥（左）有效改善了当地交通通行条件

（三）改善了当地交通出行条件

随着党中央、国务院及自治区一系列旨在加快农村发展的富民政策不断出台与实施，广大人民群众致富奔小康的信心、机遇、途径、努力及其前景出现了可喜的变化；特别是以"村村通"为主体的农村道路工程的全面实施，将使农村地区相对落后的交通状况得到明显的改观,使其机动车辆和驾驶人的数量出现大大有异于既往的惊人增长,使老百姓对公路安全通行的要求越来越高。

提前实施"十三五"公路危桥改造工程与公路安全生命防护工程(昌都片区)项目,有效地改善了当地的交通通行条件,有效提高了沿线路域的通行安全,得到了当地老百姓的一致肯定。在察雅县日崩桥施工时,附近日崩村的村民在村长的带领下,向施工人员献上了洁白的哈达,表达了对危桥改造工程的肯定。

第六章　助推地方经济发展，增强各族群众获得感
——山南驻地项目办民生工作

民生问题是人民群众最关心的问题，事关西藏发展稳定的大局，事关西藏各族人民的幸福安康。着力保障和改善民生既是党中央对西藏工作的要求，也是我党贯彻以人为本、执政为民理念的根本体现。西藏自治区公路局提前实施"十三五"公路危桥改造与公路安全生命防护工程（山南片区）急需项目，对保证人民群众安全出行、完善区域路网、发展地方经济、促进社会稳定等民生工作具有重要意义。

山南市北接西藏首府拉萨，南与印度、不丹两国接壤，战略位置十分重要。山南片区公路危桥改造和公路安全生命防护工程建设项目分布于全市12个县区，改造危桥37座/2581.76延米，实施公路安全生命防护工程58条线路/2884.73km；中标价总投资达57399.4529万元。自2017年4月开始进场实施项目建设至2019年9月，所有参建单位按照合同工期要求顺利完成合同所有工程内容，并圆满完成竣工验收工作。在此期间，项目共为山南地区增加税收1430.22万元，解决当地群众就业5327人，为当地群众创收3522.41万元，租赁机械投入1850.25万元，购买地材投入6296.2万元；林木补偿投入25.01万元；征地拆迁100.1715亩，见图5-6-1。

项目的建设对整个山南地区有着重要的社会影响。其中危桥改造工程以泽当大桥、桑日大桥为重点和亮点工程；隆子县贡娃桥、旺姆桥在建设过程中受到当地人民群众的称赞并赠予"藏汉民族心连心，危难之时见真情"的锦旗；浪卡子县Y317线在建设过程中受到当地农牧民的高度赞扬，见图5-6-2。

项目的实施消除了道路存在的安全隐患，同时也完

图5-6-1　安防全一标S206杰德秀—洛扎段新设置的埋入式波形护栏

图 5-6-2 新建桑日大桥

善了区域内的交通条件,改善了当地村民的出行条件,方便了当地群众与外界的交流联系,对山南地区的基础设施建设和农牧业发展有着积极的促进作用。并且从长远角度看,也逐渐完善了山南市公路网的建设,带动了地方经济的发展,参见图 5-6-3 和图 5-6-4。

一、各参建单位对地方经济的直接贡献

(一)危桥改造工程

危桥改造工程解决了施工所在地部分农牧民收入较低的经济问题,促进了当地经济有序良好的发展。

危桥六标山南片区实施过程中,中铁二局工程有限公司为当地创造税收共计 123 万元;为当地农牧民创造收入共计 222 万元(人均 200 元/天,解决当地就业共计 370 人/次);租赁当地群众机械费用共计 340 万元;当地场地租赁及材料费用共计 95 万元,见图 5-6-5。

图 5-6-3 原岗沙 2 号桥

图 5-6-4 新建的岗沙 2 号桥

图 5-6-5　危桥六标发放农村户籍务工人员工资

危桥七标山南片区实施过程中，西藏仁布县达热瓦建设工程有限公司购买当地商品混凝土共计 585 万元；机械租赁费用共计 100 万元；当地场地租赁及材料费用共计 290 万元；工程款计量所在地为拉萨，施工人员全部为西藏仁布县达热瓦建设工程有限公司在职人员。

危桥八标山南片区实施过程中，中铁大桥局集团有限公司购买当地商品混凝土共计 2143 万元；机械租赁费用共计 460 万元；当地场地租赁费用共计 440 万元；当地材料费用共计 760 万元；为当地创造税收共计 427.3 万元；为当地农牧民创造收入共计 207.5 万元（人均 200 元 / 天，解决当地就业共计 346 人 / 次），见图 5-6-6。

（二）安护工程

公路安全生命防护工程点多、线长、面广，海拔高度变化较大，气候环境因素多变，部分段落施工材料运距较大，施工地点流动性强，在施工过程中因地制宜招收当地农牧民，进行安全培训后将之扩充到施工队伍中。通过此种方式，项目解决了施工所在地部分农牧民收入较低的经济问题，促进了当地经济有序良好的发展。

图 5-6-6　危桥八标发放农村户籍务工人员工资

安防二标山南片区实施过程中，西藏天宇交通有限公司为当地创造税收共计137.72万元；为当地农牧民创造收入共计1256.65万元（人均270元/天，解决当地就业共计1551人/次）；租赁当地群众机械费用共计285.45万元；当地场地租赁费用共计730万元。

安防九标山南片区实施过程中，中交路桥建设有限公司安防九标为当地创造税收共计114万元；为当地农牧民创造收入共计66.3万元（人均200元/天，解决当地就业共计110人/次）；租赁当地群众机械费用共计50.8万元；当地场地租赁费用共计59万元。

安防投融资全一标山南片区实施过程中，西藏天宇交通有限公司为当地创造税收共计628.2万元；为当地农牧民创造收入共计1769.96万元（人均200元/天，解决当地就业共计2950人/次）；租赁当地群众机械费用共计614万元；当地场地租赁及材料费用共计1194.2万元。

二、项目建设激发区域发展活力，增进群众获得感

"我们喜马拉雅山南麓，以前一到雨季山上是泥，路上是泥，河里也是泥。现在条条道路宽敞通达，座座桥梁结实漂亮。大家开小卖部、跑运输、做生意，生活变化翻天覆地。"山南市桑日县绒乡巴朗村的村民们过上了以前从没想过的舒心日子。"公路通到了家门口，不光是新鲜蔬菜肉蛋随时能买，淘宝上买的商品也能快递到家。"

绒乡巴朗村的巨变,是西藏脱贫攻坚、民生改善的一个缩影。随着国道、省道、县乡公路和边防公路网的基本形成,公路建设正以前所未有的力度,激发雪域高原社会、经济、文化发展的活力。第三产业蓬勃发展,全域旅游快速推进,农牧民借助旅游业增收致富;商贸物流、金融保险、电子商务、物流配送等新业态发展迅速,正成长为新的经济增长点。而公路安全生命防护工程与公路危桥改造工程,通过有针对性地对安全隐患进行整治,提高国省干道、乡村公路、专用公路行车安全性,对改善干线道路通行状况,完善交通运输体系,稳固边防,维护社会稳定,促进沿线社会经济发展,加快旅游发展,加速地区之间的交通联系,促进公路网整体效益的发挥具有十分重要的意义。

例如,泽当大桥是山南市乃东区沟通外界的重要通道之一。旧桥桥体已经反复加固、改造过多次,在公路安全生命防护工程与公路危桥改造工程的隐患排查中被评为四类危桥,加固提载不仅难度大,而且造价较高、不确定因素多,基本无加固价值。由此带来的通行限制,不但不利于两岸群众的安全通行,更影响了当地的经济、文化、教育等各项事业的快速、健康发展,阻碍了群众收入的提高和农牧科技的应用及推广。尤其是此桥的南岸,是山南地区重要厂矿区;山南地区最大的水泥厂华新水泥厂,重要的石材厂兴隆石料厂、多若采石场等,均需通过该桥将材料运往各地,而受到该桥通行条件的限制,产品的输出需要绕行很远,厂矿的正常运营和发展受到直接影响。大桥建成通车后,有力改善了地方交通条件,确保了群众的生命财产不受损失,极大方便了乃东区群众的出行,给雅鲁藏布江两岸带来了便捷的交流环境,营造了新的就业环境,增加了就业岗位,促进农牧民增收,将持续改善山南地区雅鲁藏布江流域百姓的生活,为地方经济稳步发展提供良好的基础环境。

又如中铁二局承建的隆子县贡娃桥、旺姆桥,建设完成后不但消除了原有的安全隐患,同时也完善了所在区域的交通条件,改善了附近村民的出行条件,方便了当地群众与外界的交流联系,助推农村精神文明建设、帮扶困难户家庭,形成了"建设一项工程、造福一方百姓"的良好局面;同时从长远角度看,也完善了隆子县公路网。

第六篇　环　保　篇

第一章 严格落实环评报告要求,有效防治环境污染
——拉萨片区环保工作

在提前实施"十三五"公路安全生命防护工程急需项目和提前实施"十三五"公路危桥改造工程急需项目建设过程中,拉萨驻地项目办严格落实了环评报告表和报告书中提出的各项环保措施,使工程建设对沿线环境的污染得到了有效防治和减缓,对环境的影响降低到最低程度。

工程取料场在划定临时用地范围、明确用地数量的基础上进行了备案,并在施工管理中严格以此为依据,做到了不随意扩大,在工程确需扩大用地范围或另行开辟时,向当地环保和国土主管部门申请进行相应变更备案,参见图6-1-1和图6-1-2。

图6-1-1 巴扎岗桥附近施工前的地形

图 6-1-2　严格管控将施工的环境影响降到最小（巴扎岗桥）

基础施工采用钢板桩围堰法，钢板桩围堰在枯水期架设，施工结束后及时清除了围堰内的杂物并对钢围堰进行了拆除。严格落实了油罐车禁止停放在河边，以免发生泄漏的要求；加强了营运期车辆运输管理，对跨越河流的桥梁设置了加强型防撞护栏，并在桥梁两端设置了警示牌，提醒过往司机谨慎驾驶。加强了各桥梁路段的环境风险管理，有效防止了污染水体及生态环境事故的发生。

在工程施工期，将污染源（施工场地等）与敏感点之间的距离控制在了300m以上，经常对路面进行洒水降尘。加强了对热熔型涂料的使用和暂存的管理，在施工过程中对暂存的涂料进行了加盖或密闭处理，对热熔型涂料的容器进行了集中收集并及时外运至具有相应资质的单位处置。

在施工建设期间，严格落实了在沿线村庄路段夜间禁止施工的要求，昼间合理安排施工工序，避免了高噪声设备同时施工；选用了低噪声（加装消声装置）设备，选用了液压式打桩机，加强了设备的维护与管理。

对有用的废弃建材进行了回收利用，对于混凝土块经加工后用于引线路基填料和引线路基排水等防护工程。对生活垃圾，各施工单位采用垃圾桶统一收集后，统一清运至附近的乡镇生活垃圾填埋场进行了集中处理。落实了严禁施工人员随意抛撒垃圾的要求。通过加强宣传教育及养护工作，达到了使生活垃圾产生量较少的目的。

第二章　夯实政治责任，筑牢生态安全制度屏障
——日喀则驻地项目办环保工作

日喀则项目办把筑牢思想根基和完善制度建设摆在先导位置，以习近平新时代中国特色社会主义思想为指导，深入贯彻落实党中央、西藏自治区党委各项决策部署，以高度的政治自觉、思想自觉和行动自觉推进生态文明建设；运用法治思维和法治方式，形成党委领导、政府负责、部门协作、上下联动、全民参与的生态建设与环境保护工作大格局，切实筑牢生态安全屏障。

一、环境保护目标

提前实施"十三五"公路安全生命防护工程急需项目和提前实施"十三五"公路危桥改造工程急需项目，在施工中会遇到"三废"的处理、噪声的控制、人员的卫生与健康、水土保持及渣场管理等环保方面的问题。日喀则驻地项目办制订了以下环保目标：工程施工中的"三废"排放，处理达标；尽量降低作业面噪声；创建一个舒适、健康的生活、施工环境。

二、环境保护管理制度及办法

驻地项目办为确保环保目标的实现，制定了一系列环保管理办法和制度。

工程环境保护规划

根据工程施工的特点和要求，驻地项目办对工程施工过程中，可能会对环境保护、水土保持、人群健康造成污染和影响的工程项目、污染源、工序、工艺进行了预测评估，并制定了治理措施和工程环保总体规划。

环境保护管理办法

驻地项目办制订的环保管理办法，明确了各级管理部门和管理人员的环保职责实施细则，考核、奖罚标准以及环保监察员的工作程序。

检查、报告制度

驻地项目办通过建立检查、报告制度，促进落实定期进行环保大检查和日常巡查，

并做好记录和跟踪验证工作，对工程施工过程中存在的重大环保治理问题，以书面的形式向上级主管部门汇报。

例会制度

驻地项目办每月开一次环保例会，对上一月环保管理情况进行总结点评，提出存在的问题及整改要求，并安排当月的环保重点治理工作。

环保技术措施

驻地项目办严格按照法律、法规以及环保目标，编制了空气污染防治，固体废弃物处理与施工环境整治，废水处理与排放，作业面噪声防治，明挖、渣场堆渣过程中水土流失防治等环保技术措施。

第三章 协同推进环保施工,制定、落实恢复方案
——那曲驻地项目办环保工作

那曲地区拥有天然草原6.32亿亩,占全地区总面积的94.4%,草原是全地区土地资源的主体和陆地生态系统的主体,也是广大农牧民群众赖以生存和发展的基础。保护好天然草原对于促进地方经济、社会可持续发展具有不可替代的作用。

为贯彻习近平总书记在十九大报告中强调的,要像对待生命一样对待生态环境的精神,那曲市政府先后成立环境保护督查、农村人居环境综合整治、环境保护和污染减排政策落实、大气污染防治等领导小组,以相关法律、法规和规章政策为依据,结合已经开展的清理非法开垦草原、整顿占用耕地行动,积极有效地开展工作,加强对生态环境的保护和建设,保护农牧民的切身利益,促进草原自然资源永续利用,保障草原畜牧业可持续发展,扎实推进社会主义新农村、新牧区建设,在环境保护体系建设方面做到坚定有力。

在提前实施"十三五"公路安全生命防护工程急需项目和提前实施"十三五"公路危桥改造工程急需项目的实施中,那曲项目办的环境保护目标是:保护生态环境,确保环境污染事故为零,严格落实环保措施;废弃物处理符合规定,力争减少对施工场地和周边环境植被的破坏,减少水土流失;施工现场环境及营区绿化符合环保要求;车辆、设备尾气排放符合大气污染物的综合排放标准。

所有施工单位根据桥梁设计与施工需要,经当地乡、村领导同意,在每座桥的附近位置征用面积不等的临时用地(图6-3-1),同时根据施工需要,经当地村、乡领导同意,在附近河滩上临时取用修建该桥所需的砂石料。本着尽量不破坏附近植被的原则,所有施工单位选取临时料场时,都尽量把料场选取在没有任何植被或植被比较少的河滩上;为了更好地保护生态环境,自觉密切配合环保局,听取各级领导的意见,把对环境破坏的程度降到最低。具体的恢复方案包括以下内容:

合理利用所征临时用地。

桥梁安防工程正式开工前,先把所征用临时用地之上的草皮成块状清除,并堆放整齐,用土工布覆盖,以备完工后恢复植被所用。

第六篇　环　保　篇

图 6-3-1　现场协商征地赔偿

将预制梁板时所硬化的台座、场地所有的混凝土清除，并就地深埋。

清除施工时所遗留的建筑垃圾、生活垃圾。

建筑垃圾清除彻底后，用装载机、挖机对临时场地进行平整。

临时场地平整后，在上面平铺一层适量的细土，然后把开工以前移除的草皮平整地铺在上面，并浇水养护；草皮数量不足，不够覆盖临时用地时，购买一定数量的草种，进行播种。

对合同规定的施工界限内外的植被，尽力维持原状，做好草原防火措施，严禁放火烧山。

施工驻地设置环保厕所，定期清理；垃圾集中堆放，挖坑埋好，予以覆盖，完工后及时清除，不留死角。

工程施工中，废方不乱丢弃，及时拉运至附近料坑或指定地点堆放，不向河道中弃土；引水、排水、取土坑等项目应考虑与当地实际相结合。

片石料场完工后，进行必要的修整；对易飞溅的石渣进行人工清理，运至弃土坑；片石料场便道的石料拉至弃土坑。

对易燃、易爆油品和化学品的采购、运输、存储、发放和使用后的废弃物的处理制定专项措施，并设置专人管理。

一切就绪后上报环保局及当地乡政府领导验收。

第四章 积极主动作为，分步骤针对性施策
——林芝驻地项目办环保工作

环境保护是我国的一项基本国策。把环境保护引入到公路建设中，是社会、经济、科学技术发展和进步的体现。提前实施"十三五"公路安全生命防护与公路危桥改造工程的建设，不可避免地会对自然环境产生一定的破坏和不良影响。按照实际情况分析评价工程对自然环境的作用与影响，采取措施减少或杜绝环境污染、恢复路域生态破坏，使危害程度降到最低，是提前实施"十三五"公路危桥改造与公路安全生命防护工程的首要任务。

一、环境保护工作的组成

项目环境保护工作由两项基本内容组成：一是分析因项目建设而对环境产生的各种影响及影响的程度和范围，根据需要采取专门的环境保护措施，积极开展环境保护的有关工作；二是在项目的设计、施工及运营管理过程中，注意凸显公路各组成部分的环保功能，使公路在运输功能发挥的同时，对沿线环境的负影响最小，令项目建设和环境保护实现互惠互利。因此，针对林芝片区环境保护，尤其是旅游区道路的实际情况，灵活采用相关设计标准规范的技术指标，选择恰当有效的防护措施，选用合适的环境保护手段，是项目环境保护问题的关键。

二、环境保护措施

公路建设环境保护应当以积极主动的态度，有规划、有步骤地在项目建设的不同阶段，环境问题产生与环境保护的不同时段，采取针对性的措施，杜绝以往"头痛医头、脚痛医脚"，疲于应付各种由于施工造成的自然环境灾害的被动局面。

（一）勘察设计阶段的环境保护

驻地项目办在工程项目的前期就要求工程设计和环保设计人员密切配合，集思广益，群策群力，充分认识林芝地区生态脆弱性的特点，将生态保护贯彻在每一项工程设计中；在经济技术条件许可的前提出下，最大程度地保护路边的一草一木不遭破坏，

图 6-4-1　道路与环境和谐交融的巴松措

尤其是避免对旅游区生态环境的破坏。具体内容包括：

精心设计，反复优化方案，使环境获得最佳保护。

精确计算，力争挖填平衡，尽量减少弃方。

合理规划取、弃土场，防止水土流失。

施工图设计重点做好边坡整治，搞好绿化工程。

公路安全生命防护工程设计紧紧抓住设计对象的地质、水文、气候等特点，灵活采用不同的防护形式。在公路设计及旅游区道路防护设计中，对其生态恢复技术予以

了充分考虑，参见图 6-4-1。

（二）施工阶段的环境保护措施

施工过程中的环境影响主要是植被破坏和水土流失等。项目施工时积极采取措施，最大程度地减少对沿线敏感点和周边环境的影响。具体措施包括：

确保施工图设计中的环境保护方案、措施等的落实。

路基修筑尽量避免了在雨季施工；在高填深挖路段采取了提前介入边坡防护治理或先防护治理再进行路基施工的做法。

施工取、弃土采取平行作业法，取土时边挖方，边修整，确保取土后的边坡稳定和地面平整；弃方时在指定的范围内逐层堆填，并且做好堆填区的坡脚和坡面防护工作，避免水土流失和堆填物的坍塌。

雨季施工时，做好路基已成型坡面的防冲刷措施，及早进行绿化，及时设置排水沟和截水沟，避免水土流失、边坡坍塌和滑坡的发生。

桥梁、涵洞的施工放线结合实际地形进行，以有利于排水泄洪为准则，及时调整桥、涵的位置和交角，防止排水不畅、冲刷构造物的基础和边坡；在施工时特别注意了不过度占用、堵塞河道、影响施工期的泄洪。

对于地质不良地段的处理，动态掌握治理的效果；对治理效果不明显的方案及时调整，采取补救措施，确保治理获得最佳效果。

高度注意施工噪声、筑路原材料对环境的污染，如大气污染、水源污染、噪声污染等，尤其注意了对附近学校、民居、市集、村落的影响；拌和场地离开上述敏感区域 500m 以上，原材料的堆放离开 300m 以上，并做好覆盖、除尘、防水等措施。

（三）营运期的环保措施

营运期间的环境保护措施也是不容忽视的问题，具体包括交通噪声防治、大气污染防治、水污染防治、潜在风险及农作物污染防治等四种环保措施，见图 6-4-2。

图 6-4-2 村庄与花海通过道路连通山外

第五章 实行生态环保措施,从根本上减少污染
——昌都驻地项目办环保工作

一、环境影响

(一)空气污染

公路危桥改造与公路安全生命防护工程建设过程中,会产生大量粉尘、灰尘及其他有害气体,对空气造成严重污染。主要的污染源包括:

在开挖桥台基础的初期环节,产生的大量粉尘散布在空气中,造成空气质量逐渐降低。

为了施工的便利和高效率,建设所需的石料、砂、钢材等材料都是就地加工,而加工过程中钢材的切割、混凝土的搅拌,都会产生大量的有害粉尘和灰粉。

建设过程需要利用运输车辆运载大量建设材料;来往密集的运输车辆也会产生大量粉尘,加剧周边空气质量的恶化。

周边的居民如果长期接触粉尘、灰尘污染严重的空气,容易引发呼吸道疾病。

(二)噪声污染

项目建设会造成严重的噪声污染。噪声污染虽不像空气污染、水体污染那般,产生的危害肉眼可见;但长期持续下去还是会严重影响到人们的正常生活,例如导致耳膜受损,进一步影响人们的身心健康等。项目建设所运用的大型器械,在启动以及运行过程中,往往伴随着刺耳、超强的轰鸣声等。此类噪声对环境的影响是暂时性的,但由于具有突发特征,产生的影响仍然较大,也比较恶劣。运输车辆产生的噪声,则会给周边生活的居民带来困扰。在长期的噪声影响下,人们的工作效率、工作质量都会有所降低。

(三)水土流失

开展桥梁工程建设,一般都需要对原桥梁进行拆除,并且结合实际工程需要,进行桥台的挖方、台背的填方操作和桩基础的施工,不免会对地质环境造成不同程度的扰动。当地表遭受到严重破坏的时候,会出现较严重的水土流失现象,甚至在暴雨天

气下发生泥石流等灾害。

（四）水体污染

工程建设中对原料、石料进行一系列搅拌，包括水泥、混凝土等材料生产制造过程中出现的污水、泥浆，以及工人生活废水，若不加以处理，直接排放进河流中，必定会造成严重的水体污染。河流湖泊水体受到污染后，其自净能力也会受影响。另外，由于河流湖泊是循环系统，经过水体的循环，不仅当地水体会受污染，整个水环境都会受到影响。

二、环境保护措施

（一）降低粉尘空气污染

首先，及时清理施工现场；对施工现场堆放的施工原材料进行系统的整理分类，杜绝随意堆放处置的情况；建立弃土场对废弃物进行集中处理。

第二，针对运输中扬起的大量粉尘，通过洒水的方式降尘；尤其是在夏季施工中，由于阳光猛烈、水分蒸发速度快，采取了多次洒水降尘的方法；针对施工现场的扬灰现象，安排连续性施工，保证地面的湿润度，避免因干燥再次扬灰。

第三，现场原料加工时会产生部分有毒气体，因此混凝土搅拌、沥青拌和等一系列加工行为，均在下风处进行；而装沥青拌和料的桶，均覆盖隔绝罩，避免了有害气体挥发。

第四，对工程施工中的废弃物，统一分类回收，并合理再利用，不仅降低了环境污染，同时有效节约了材料。

（二）噪声污染治理

对施工噪声的控制，首先是对噪声源进行了控制，降低噪声辐射；此外还对噪声传播基本途径进行分析，然后拟定了相应的防护措施。

在具体施工过程中，施工企业结合工程施工要求，选取满足国家相关要求的施工机械与施工运输车辆，选取低噪声施工机械与施工技术，实现了对机械噪声的有效控制。对施工车辆实际运输时间进行了控制，在规定时间段内禁止施工车辆鸣喇叭，避免了交通噪声对施工区域及周边环境产生较大的影响。在施工现场做好隔音降噪措施；对振动性较大的机械设备加设了减振基座；定期对施工机械设备进行检修养护，确保其能够稳定运行，从根本上降低噪声污染。

（三）针对水土流失的有效防治

项目建设过程中，为了减少水土流失采取了以下措施：地面挖掘处理之前，结合气候条件在周边安排排水装置，从而避免出现降水将周围挖掘出来的土堆冲跑的情况；将施工区域周围的植被保护好，在不得不破坏植被的情况下，及时做好绿化处理，借助新植被防止雨季出现水土流失；在进行地面挖掘的时候，结合工程建设区域的地形以及公路边坡的具体坡度施工，减少对原有地貌的改变和破坏。

（四）定期进行废水处理，减少排放

对于施工产生的泥浆、污水，通过两种办法进行了净化：引入泥浆净化设备，对泥浆浆料进行净化处理后再排出；设置沉淀池，对水泥浆料进行统一沉淀净化后再排出。另外，将沥青、石料或油料等施工材料安置在固定区域，不堆放在河岸，避免被雨水冲刷进河流中，造成水体的污染。对洗涤过化学原料的废水，进行净化处理，减少洗涤剂含量后再排放。工人们的生活污水，尽管产生的污染较小，也进行了统一净化处理，杜绝不经处理就随意排入河道的行为。

第六章　抓好环保现场巡查，严控征地环保工作
——山南驻地项目办环保工作

山南市因地处青藏高原冈底斯—念青唐古拉山脉以南而得名。山南地区南部和西部高山耸峙，湖泊河流众多，四面八方的人们纷至沓来，尽情领略天蓝、水清、地绿的好风光。

山南驻地办自成立伊始，全体工作人员为了响应国家"绿水青山就是金山银山"的环境保护号召，依据国家和西藏颁布的环境保护的相关法律法规、规章制度，用最坚决的态度、最严格的制度和最有力的措施，把生态安全屏障的战略功能定位内化于心、外化于行，以确保在施工建设过程中保持生态环境质量优良为核心，打好污染防治攻坚战，全面打赢蓝天、碧水、净土保卫战（图6-6-1）。

在整个项目实施过程中，山南驻地办认真对待每一次环境保护现场巡查工作，督促、监督参建单位在施工过程中的环境保护工作以及对自然保护区内野生动物的保护工作。因施工范围涉及山南全市，部分施工段落存在征地情况，为了最大程度保护环境，

图6-6-1　泽当大桥区域山河错落、雄阔高洁的自然环境

山南驻地办安监环保部对每一份征地报告都进行了认真、仔细的复核；要求各参建单位做到各工点取土场及各类生产生活用地使用完后及时恢复，做到"工完、场清、料净"。

一、中铁二局（危桥改造第六标段）征地情况

（一）加查县征地情况

提前实施"十三五"公路危桥改造工程急需项目（第一批）扎桥使用林地面积 0.0592hm²（永久性使用），项目建设用地的地类为乔木林地、灌木林地，需全部采伐。项目征占用林地、林木补偿费共 11000 元，无安置补助费。林地、林木补偿标准根据《西藏自治区实施〈中华人民共和国土地管理法〉办法》和工程概算等有关规定执行，费用已全部兑现；林地、林木权属不存在任何争议。

（二）乃东区征地情况

提前实施"十三五"公路危桥改造工程急需项目（第一批）哈达罗布桥使用林地面积 1.7314hm²（永久性使用）；项目建设用地的地类为乔木林地和灌木林地，其中乔木林地 0.9594hm²，一般灌木林地 0.7710hm²，需全部采伐。项目征占用林地、林木补偿费共 70680 元，无安置补助费。林地、林木补偿标准根据《西藏自治区实施〈中华人民共和国土地管理法〉办法》和工程概算等有关规定执行，费用已全部兑现；林地、林木权属不存在任何争议。

二、中铁大桥局（危桥改造第八标段）征地情况

（一）泽当大桥征地情况

所征土地属泽当居委会集体土地，位于泽当街道泽当社区及结巴乡滴新村，占地面积 61.47 亩，其中林地 11.32 亩、草地 3.18 亩、建设用地 29.09 亩（其中 9.96 亩公路用地按规定不予补偿，因此建设用地最终按 19.13 亩测算）、未利用地 17.88 亩。林地、林木补偿标准根据《西藏自治区实施〈中华人民共和国土地管理法〉办法》已全部兑现，兑现补偿金额为 140.795 万元。林地、林木权属不存在任何争议。

提前实施"十三五"公路危桥改造工程急需项目桑日大桥位于桑日县绒乡巴朗村，经西藏自治区林业调查规划研究院、桑日县林业局和西藏自治区公路局三方现场调查后确定，该项目拟使用林地面积有 0.28hm²，地类为乔木林地，蓄积量 6m³。林地、林木补偿标准根据《西藏自治区实施〈中华人民共和国土地管理法〉办法》已全部兑现，兑现补偿金额为 13.5747 万元；林地、林木权属不存在任何争议，参见图 6-6-2 和图 6-6-3。

图 6-6-2　泽当大桥工地与自然环境和谐相融

图 6-6-3　桑日大桥施工对环境的影响得到了严控

第七篇 人 物 篇

一、西藏自治区公路局危桥安防项目管理办副主任　次旺旦增

次旺旦增

西藏自治区公路局危桥安防项目管理办筹建伊始，次旺旦增就倍感压力，深感项目实施不易，不断思考该如何做好各项工作。虽然提前实施"十三五"公路危桥改造工程与公路安全生命防护工程急需项目与其他公路基本建设项目在工程技术和施工工艺方面并没有明显的差异，但西藏的各类复杂因素和工程的不同特点，都使工程管理工作面临前所未有的困难，对项目管理者的全方位能力提出了严苛的考验。五年多之后的今天，次旺旦增回望公路危桥改造与公路安全生命防护工程项目管理工作遭遇的种种挑战，依旧感触颇多：一是"点多"，危桥改造共涉及271座桥梁（施工工点325个），安全生命防护工程共涉及554条线路（施工工点831个）；二是"面广"，牵涉到西藏全境6个地级市、1个地区、66个县，面积约120万 km^2；三是"线长"，各工点相距较远、跨度大，从东端昌都的任意一个工地至西端阿里的任意一个工点最近也有约2500km，南端山南任意一个工点至北端那曲的任意一个工点最近也约800km；四是项目资金筹措情况较为复杂，有农发行贷款、农行贷款、中央车购税地方补助、企业投融资等资金筹措方式；五是项目主要管理人员均系从公路养护系统基层单位抽调的年轻工程技术人员，大部分人员没有项目管理经验，项目管理难度大。

西藏自治区人民政府及上级交通主管部门对提前实施"十三五"公路危桥改造与公路安全生命防护工程建设任务十分重视，项目机构、管理人员、工作组织时间紧、责任重。项目管理办公室（项目办）筹建人员克服人员选择有限等各种困难，废寝忘食、加班加点，深入基层公路养护单位考察技术人员，通过结合项目的实施特点，于2017年成立了以拉萨项目管理办公室为指挥中心，在其他各地市组建分支驻地项目管理办公室（驻地办）的机构；同时为了加强管理，依靠科学软件管理技术，建立了公路建设项目业主管理系统（即PM系统），提升管理能力，并借鉴以往项目的管理制度和经验，编制了适合危桥安防工程项目的各项规章制度，如《项目内部管理办法》《管

理标准化办法》《工地标准化管理办法》《施工标准化管理办法》《公路工程设计变更管理办法》等，使工程质量、进度、安全、环保、计量、变更以及内业资料均可在制度的范围内管控，为项目顺利实施打下坚实而良好的管理基础；经过多次向有关部门、业内专业资深人员征求意见及提交会议研究结果，最终形成了项目实施方案，建立健全了项目实施各项责任体系，明确了项目整体的开展方向，进一步明晰了项目推进的整体思路和方向。

接下来的5年时光，在精诚团结的领导班子的带领和各参建单位的共同努力下，公路危桥改造与安全生命防护工程项目圆满完成了预期的建设任务，也培养出了一批具备项目管理经验的工程技术人员；次旺旦增也走过了人生历程中压力最大，进步最快，生活工作最充实的5年，在项目管理方面吸取了极其丰富的经验教训，增强了与各方面人员的沟通协调能力，掌握了及时处理复杂事物的方式、方法；在工程技术方面同样积累了的丰富经验与教训，能够独立进行重大设计变更、工程造价以及项目可行性的研判。次旺旦增将工作中的收获，总结成了九个方面的心得体会：

选用项目管理人员方面，根据项目的特点寻找适合的人选，特别是项目的主管人员，对于项目的顺利实施至关重要。次旺旦增在项目管理过程中深刻认识到，敢于担当是一种责任、一种精神，更是一种能力，是党的干部必须具备的基本素质；类似的项目在组建项目管理队伍时，应慎重考虑在具备专业技术的条件下侧重敢于担当、有责任心、有团结心的人选。

施工图设计文件现场审核方面，必须着重审核施工图设计文件的合理性、稳定性，以及能否满足项目指导性和可操作性等要求。次旺旦增认为，在项目招标前必须组织相关专业人员对图纸进行全面细致的现场审核，将图纸中不合理的方案等问题以书面形式提出，并及时进行优化，补充设计文件，这样才能最大程度降低施工图设计变更的风险。

施工图概预算审查方面，为保证项目工程质量，首先要保证工程造价合理。没有合理的工程造价，即使施工过程中管理能力再大再强，也无法保证工程的实体质量；因此不能忽视施工图概预算的严格审查工作，在项目获得批复前认真审查项目的投资概预算文件非常重要。次旺旦增认为：庞大的危桥改造项目光投资预算审查就花了4个多月，这说明获得合理的工程造价的重要性；若没有合理的工程造价，会急剧增加项目管理难度，后期也无法保证工程进度和质量。项目投资审核要建立在概预算定额的基础上，严格参照当地市场价格，通过纵横交错的验算，才能全面保证工程按质按量实施。

项目前置水保、环评、林评、征地拆迁等内容审核方面，前置调查得细致、手续办得齐全，将有助于项目的整体推进，反之则会导致工程进度推进不前，造成窝工等一系列问题。次旺旦增认为，不管是施工图设计文件现场审查还是集中审查，涉及水保、环评、林评、征地拆迁的项目，特别是涉及国家级、自治区级自然保护区内建设的项目，都应引起高度重视。审查施工图中的前置调查是否符合国家及当地相关部门法律法规，以及是否满足项目的实际需求，若有错漏应及时补充和更正，避免出现因前置手续不全而导致项目拖延。

施工图设计文件技术交底方面，为确保项目能按施工图设计文件落地，集中组织开展参建单位现场技术交底会是十分重要且必要的。参建单位共同认真提出施工图中的"差、错、漏"等问题，可避免出现施工过程中的设计变更。次旺旦增认为，参建单位的主要技术负责人应亲自参加技术交底会，不应委托其他代理人参会；会议由总监办主持召开，业主在会上必须强调项目建设背景以及项目资金来源及性质，以期避免因设计变更而增加工程造价，保证工程概预算控制在批复造价内；若在技术交底中发现招标清单与施工图不符，应以施工图纸为准，进行0号设计变更处理；为了保质保量完成项目各项任务，应加强包括水保、环保、林保以及征地拆迁等在内的各项技术交底工作，确保整体项目顺利开展，万无一失。

项目主要管理人员培训方面，标准化管理的落实离不开项目前期对主要管理人员严格的项目管理培训工作。次旺旦增认为，项目主要管理人员经过培训，一是要全面掌握工程合同中的通用条款、专用条款以及项目合同价、总工期等重点合同信息；二是要全面掌握招投标相关内容，包括招标文件中的投标人须知和各类合同条款，投标文件中的相关人员、机械、设备、投标报价、主题项目的单价等；三是要全面掌握项目内部管理制度及项目相关的技术规定和规范，以及施工标准化、工地标准化的各项制度；四是要全面掌握项目建设背景，国家、西藏层面的方针政策，以及上级主管部门的批示、指示；五是要加强廉洁自律，守住法律、法规、纪律的底线、红线，要依法履行职责，严格落实中央八项规定精神，把纪律挺在前面，做好廉政风险防控——由于项目主要管理人员在工程建设全过程中都有一定的职权，因此必须要对廉洁自律的重要性有清醒的认识，绝不能有侥幸心理，必须依规、依法办事，干干净净做事，清清白白做人，见图7-1-1。

农村户籍务工人员信访管理方面，要预防工资拖欠问题，建立健全相关的规章制度，在项目进场前向中标单位的项目负责人及指定的农村户籍务工人员工资负责人交代好相关规章制度，并及时报备；建立农村户籍务工人员身份档案，若有关劳务协议、

图 7-1-1　2017 年 3 月 15 日项目管理人员岗前业务培训

工资台账（身份证复印件、照片、工资卡号、进出场时间）有变动，及时申请变更；若有机械设备租赁，必须提供租赁合同（明确写出机械的型号、租赁方式和单价或总价，且机械设备的主人须与协议乙方为同一人），否则禁止入场，必须同步报备机械设备台账（包括机械型号、照片、进出场时间等信息，目的在于确保工地上使用的机械设备的基本信息与台账信息保持一致），经业主同意后方可进场。次旺旦增认为，第一次工地例会上应明确指定业主、监理、施工各方的农村户籍务工人员工资监管负责人，业主与施工方应签订预防农村户籍务工人员工资拖欠相关协议，协议中明确提出若出现拖欠工资的问题如何解决；另外，施工方应在每月约定日期将发放的农村户籍务工人员工资明细表和机械设备租赁费用表通过系统上报监理和业主进行审核，确保及时兑现，避免出现信访现象。

质量管理方面，施工实施过程中应经常巡查、督查，促使施工方及监理方认真履行相应工作职责，同时组织第三方检测单位对工程实体质量进行检测，及时全面掌握工程质量动态，确保工程质量达到设计及规范要求。次旺旦增认为，严格管控工程质量是项目管理的第一要务，对工程实体质量未达到或不符合设计及规范要求的，以及质量存在安全隐患的，必须坚决返工或整改处理，直到达到、符合相关标准为止；同时，要严控工程资金，对质量未过关的严禁计量支付，并采取有效措施确保工程质量不出现任何问题，见图 7-1-2。

图 7-1-2　K0+618 桥防撞护栏蜂窝麻面问题整改

安全管理方面，必须时刻谨记习近平主席"安全生产事关人民福祉，事关经济社会发展大局"的嘱托，坚决将发展决不能以牺牲人的生命为代价作为一条不可逾越的红线，把安全生产工作放在管理工作的首位，建立健全安全生产工作制度，对在建项目的每一环节进行全面摸底排查，才能有效避免安全事故的发生（图 7-1-3）。

次旺旦增深知，公路安全生命防护设施和危桥改造连着民心，关乎民生，承载着人民的重托、历史的责任，其建设成果既是无数公路人在新时期激情拼搏的写照，也关系着无数公路出行者品味平安、体验幸福的获得感，更是交通运输行业以人为本、为民服务的具体见证。自 2015 年来，在党中央、交通运输部、西藏自治区党委、政府和自治区交通运输厅党委的大力支持和正确领导下，一条条公路安全生命防护设施的补充为当地百姓及过往车辆提供了更安全的保障，一座座危桥改造后成为百姓称赞的惠民桥；通过全面深入开展公路安全生命防护工程和公路危桥改造工程建设，西藏公路交通安全隐患逐年减少，公路通行条件不断提升，预防和减少道路交通事故，尤其是重特大道路交通事故的能力不断增强，全面提升了公路安全、畅通水平，保证了贫困地区人民群众的生命财产安全，提高了公路出行安全水平和公路运营效率。如今，一条条公路安全生命防护设施和一座座重建的桥梁成为西藏公路的一道道亮丽风景。次旺旦增看着这样的风景，感受着这样的变化，为自己在这样的事业中贡献了力量而由衷地欣慰和自豪。

图 7-1-3　2017 年 6 月 17 日项目办安全生产专题会议

二、日喀则驻地项目办主任　贡嘎朗杰

贡嘎朗杰

日喀则项目办高度重视项目管理工作和项目办人员发展成长工作，为弥补自身管理方面经验的不足和短板，加强对外沟通交流，学习其他驻地项目办（指挥部）的先进管理经验；在项目实施过程中，本着"安全第一、质量至上、环境综合协调发展"的原则，贡嘎朗杰等日喀则项目办领导不顾路途遥远、环境恶劣，带领全体人员，始终以"老西藏精神"和"两路精神"为信念，经常深入到施工一线，严把安全关，为作出让党和国家放心、人民群众安心的交通设施勠力前行。

在做好项目管理的同时，日喀则项目办高度重视农村户籍务工人员相关工作，不仅要求确保农村户籍务工人员安全工作，而且十分重视农村户籍务工人员上访接待工作，对发生农村户籍务工人员上访的情况积极沟通协调，以保证农村户籍务工人员工资及时足额发放到位。

在认真完成项目管理工作之余，日喀则项目办也不忘自身人员素质的提高，多次组织全体成员学习各种相关知识，组织业余活动，加强团结合作意识，发扬"藏汉一家，努力拼搏"等精神。

三、那曲驻地项目办主任　旦增达杰

旦增达杰

那曲驻地项目办经过前期准备、过程管控、后期收尾三个工作阶段，完成了全部工程内容，收获了丰富的工作经验。

在前期工作中，那曲驻地项目办多方位、多渠道、精准定位，科学规范地建立健全了组织体系；多方协调，办理了全部各类审批手续，确保了项目顺利开工和深入推进；开展规范化管理，明确了项目办成员各自的职责，使项目办成员的业务素质和履职能力得到了全面提升。

在项目实施的 21 个月里，那曲驻地项目办主任旦增达杰跑遍了那曲十县一区，经历了数不清的起早贪黑，吃了无数顿方便面，熬过了许多缺氧失眠的艰难时刻，但他和项目办全体同志始终坚持"老西藏精神"和"两路精神"，在那曲海拔高、气候条件差的条件下，坚定信念、勤奋敬业、担当履职，以开拓创新、求真务实的工作作风尽最大努力实现了那曲片区项目管理工作的尽量完美和高效，见图 7-3-1 和图 7-3-2。

那曲项目办在工程建设中及时处理好各种问题，小问题现场整改，大问题集体决策，未发生重大及以上质量、安全事故，未发生过环水保投诉事件。

那曲项目办还大力开展创新活动，倒排工期计划，把握好"关键点重点控制"原则，随时巡检和监控，顺利完成了各项施工任务，实现了全标段交验目标。

图 7-3-1　检查途中遭遇泥石流

图 7-3-2　检查途中遭遇陷车

四、林芝驻地项目办主任　贾锐

贾锐

经过三年的项目管理工作，林芝驻地项目办主任贾锐在对项目管理的方法日益熟悉的过程中，对项目管理核心即人的管理有了深刻的领悟——

首先，项目管理工作需要在各方参建单位的密切配合下才能完成；单独依靠一方或几方，项目管理工作无法按照既定工期、既定目标完成。抓住各方的关键人员，能极大提高组织的效率。

其次，参建各方需投入与建设项目规模匹配的专业人员和队伍，各司其职，才能保证建设项目的质量、安全、进度处于可控范围内。

再次，要注重项目管理团队的建设、培养和任务分工。一个人的力量毕竟是有限的，当遇到问题和困难时，要广泛收集管理团队其他同志的意见和建议，群策群力，统筹兼顾，将各类工作安排给相对擅长的人员负责，如此不仅提升了同志们的办事和管理能力，同时也提高了工作效率。

最后，要在项目管理的空闲时间不断地加强业务知识和政治理论的学习，杜绝临阵磨枪、"书到用时方恨少"的现象；通过不断学习，丰富自身知识储备，同时提升自身的综合能力，为今后在本职工作和其他领域的工作进步打下坚实的基础。

五、昌都驻地项目办主任　江勇

江勇

亲历所有参建者共同努力，才使得项目建设任务圆满完成。这一过程，使得昌都驻地项目办主任江勇对于如何完成好一个工程建设任务，有了深刻的认识——

首先，需要有一批经验丰富、懂业务、善管理、踏实肯干及职业道德高尚的参建者，才能保证工程建设项目顺利开展、各项工作任务落到实处。

其次,要抓好项目安全管理工作,包括人的安全、机械设备安全等,具体到项目的方方面面;必须把安全工作放在第一位,建立健全安全管理工作制度,对在建项目的安全隐患进行全面摸底排查,才能有效避免安全事故的发生。

再次,要加强对项目质量的管理工作,平时通过检查、巡查、督查等方式,促使施工方及监理方认真履行相应工作职责;同时组织第三方检测单位对工程实体质量进行检测,及时、全面地把握在建工程质量,确保工程质量符合要求。

最后,要对工程进度进行跟踪检查,及时了解工程进度,分析产生工期延误的原因,并采取相应的措施进行处理。在项目的实施过程中,由于从设计到施工的周期较长,部分项目存在重复建设的情况,因此需要在第一时间对项目现场进行踏勘、复核,然后再联系上级主管部门确认该项目如何处理。此外,部分项目涉及临时占用老百姓的耕地、需要砍伐果树等,驻地项目办工作人员要积极与老百姓进行沟通,宣讲项目建设的必要性,在征求老百姓的同意后才能开展下一步工作。这些问题虽然处理起来比较耗时耗力,但在项目办工作人员的不懈努力下,基本上都得到了较好的解决,使得建设任务圆满结束(图7-5-1~图7-5-3)。这也成为管理者顺利完成工程建设任务的宝贵经验。

图7-5-1 2018年安全生产内容检查会

图 7-5-2　"安全生产月"学习活动

图 7-5-3　类乌齐县桑多大桥梁板强度检测

六、山南驻地项目办主任 李建伟

通过参与项目管理，山南驻地项目办主任李建伟对西藏的项目管理有了新的认识。针对不同地域、不同地质、不同的施工环境等，山南驻地项目办选择了最优的管理方式，尽量考虑工程实施的地域可行性，考虑西藏地域工程实施与内地的区别，结合内地管理、施工等标准，根据西藏的特殊地理环境因地制宜、实事求是地制定西藏特色管理模式。

李建伟

具体的经验是：实行了"横向上全方位，纵向上全流程"的严格的质量管理体系；同时，围绕重点，优化管理，尽量发挥项目办全体人员的专长与整体优势，在管理中贯彻超前意识、竞争意识和精品意识；大力推动创新，提高管理水平，积极推广新技术、新材料、新工艺的使用，使管理水平上了一个新的台阶（图7-6-1）。

图7-6-1 安防工程建设现场

第八篇 大 事 记

2014 年

2014 年 11 月 3 日　国务院办公厅下发了《关于实施公路安全生命防护工程的意见》(国办发〔2014〕55 号)。

2015 年

2015 年 9 月 28 日　交通运输部下发了《关于做好"十三五"公路路网结构改造工程有关工作的通知》(交公便字〔2015〕148 号)。

2015 年 10 月 9 日　西藏自治区公路局下发了《关于开展"十三五"公路路网结构改造有关工作的通知》。

2015 年 11 月 17 日　西藏自治区交通运输厅下发了《关于同意提前实施"十三五"公路安防工程和危桥改造工程急需项目的批复》。

2015 年 12 月 16 日　西藏自治区交通运输厅召开 2015 年第 6 次厅长办公会议，研究提前开展全区现有公路危桥改造工程勘察设计事宜。

2016 年

2016 年 3 月 14 日　西藏自治区公路局下发了《关于成立西藏自治区公路局专项公路工程建设领导小组和项目管理办公室的通知》。

2016 年 3 月 27 日　西藏自治区交通运输厅召开 2016 年第 4 次厅长办公会议，研究公路养护工程建设项目勘察设计咨询事宜。

2017 年

2017 年 2 月 20 日　西藏自治区交通运输厅下发了《关于提前实施"十三五"公路危桥改造工程急需项目（第一批）一阶段施工图设计文件的批复》(藏交发〔2017〕63 号)。

2017 年 2 月 20 日　西藏自治区交通运输厅下发了《关于全区提前实施"十三五"

公路安全生命防护工程急需项目（第一批）一阶段施工图设计文件的批复》（藏交发〔2017〕64号）。

2017年3月15日　根据项目点多、线长、面广、管理难度大的实际情况，为了提升项目管理能力，提高管理人员的工作能力和业务水平，项目管理办公室对63名项目管理人员进行了为期5天的集中岗前培训。

2017年3月22日　为了进一步加强党风廉政建设和反腐败工作，强化项目管理人员的思想教育，使全体职工时刻保持清醒的政治头脑，明辨是非，拒腐防变，达到严明纪律，规范言行，廉洁自律的目的。西藏自治区交通运输厅党委委员，公路局党委副书记、局长占堆同志，公路局副局长、纪委书记、项目管理办主任其米多吉同志出席，公路局党委以座谈会的方式对63名项目管理人员进行了党风廉洁和项目工作的集体约谈。

2017年5月20日　由西藏自治区公路局党委委员、副局长、纪委书记、项目管理办主任其米多吉同志带队，项目管理办工程技术部、计划合约部和驻地项目办相关人员参加的工程巡查小组，于2017年5月20日至6月10日行程6000多km，对那曲、昌都、林芝、山南及日喀则片区各参建单位驻地建设和工程进度，以及试验设备、材料和机械设备进场情况，安全生产预案，施工保通方案，施工现场标志标牌，安全生产台账等情况进行了巡检。针对性下达了整改通知，提出了详细的工作要求。

2017年6月19日　为了有效加强项目管控工作，项目管理办按照上级主管部门的安排及项目管理办的工作内容，于2017年6月19日至7月10日期间共11次，不定期地组织人员对各驻地项目办、总监办、设计咨询单位、检测单位、施工项目经理部工程进度，试验设备、人员、材料及机械设备进场情况，安全生产预案，施工保通方案，施工现场标志标牌，安全生产台账等情况进行检查，根据检查情况下发了项目检查情况通报。

2017年6月20日　西藏自治区交通运输厅下发了《关于提前实施"十三五"公路危桥改造工程急需项目一阶段施工图设计文件的批复》（藏交发〔2017〕348号）。

2017年8月6日　为了加强项目管理力度，确保公路危桥改造与公路安全生命防护工程安全、优质、按期完成各项工作任务，由项目管理办总工孟彦龙同志带队，项目管理办计划合约部和驻地项目办相关人员参加的工程巡查小组，于2017年8月6日至8月25日对提前实施"十三五"危桥改造工程与公路安全生命防护工程各驻地项目办、总监办、检测单位、施工项目经理部等参建单位的工作开展情况进行了全面巡检，针对各片区施工现场所存在的问题，召集各参建单位召开技术交流研究会、安全生产专题会等相关会议，按照相关规范、规程和文件，对施工现场存在的问题进行系统地探讨和解决。

2017年8月7日　西藏自治区公路局下发了《关于提前实施"十三五"公路危桥改造工程急需项目泽当大桥等6座桥梁一阶段施工图设计文件的批复》（藏路发〔2017〕205号）。

2017年9月30日　根据西藏自治区交通运输厅"千方百计确保目标任务圆满完成"的要求，为了在2017年第三季度有力推进工程建设进度，确保完成年度工程建设目标任务，西藏自治区公路局党委委员、副局长、纪委书记、项目管理办主任其米多吉同志主持召开了项目推进工作会议。项目管理办各部门、驻地项目办及参建单位负责人参加了会议。

2017年12月2日　为了实施好西藏公路安全生命防护工程，确保工程质量和安防设置符合规范要求，项目管理办决定组成由业主、设计、监理及施工项目经理部组成的16个工作组，对西藏公路安全生命防护工程进行现场检查，并召集现场检查工作组成员召开了动员大会，安排布置相关工作。

2018年

2018年1月8日　项目管理办结合2017年各项工作开展情况及公路安全生命防护工作大检查相关情况，对公路安全生命防护工程1—9标及"投融资＋施工"标下发了10份现场检查情况的通报及台账。为加强项目进度计划管理，确保工程按期完工，项目管理办经多次研究，并征求各参建单位意见，结合实际情况，下发了《关于开展好近期各项工作的紧急通知》《关于做好进场复工工作的通知》《关于督促施工单位尽快进场的通知》《西藏公路危桥改造与公路安全生命防护工程项目管理办近期加强从业人员管理工作的通知》《关于做好节后复工安全生产工作的通知》《关于下达提前实施"十三五"公路危桥改造与公路安全生命防护工程2018年工程进度计划及交工验收工作安排的通知》等共6份有针对性的文件，对项目管理办各项工作进行了详细的安排部署，并强调各个环节的工作内容及注意事项。

2018年9月27日　提前实施"十三五"公路安全生命防护工程项目第三标段湖南环达公路桥梁建设总公司37条线路完成交工。

2018年10月10日　提前实施"十三五"公路安全生命防护工程项目第二标段西

藏天宇交通有限公司 37 条线路完成交工。

2018 年 10 月 25 日　提前实施"十三五"公路安全生命防护工程项目第六标段中建路桥集团有限公司 67 条线路完成交工。

2018 年 10 月 25 日　提前实施"十三五"公路安全生命防护工程项目第七标段西藏天顺路桥工程有限公司 32 条线路完成交工。

2018 年 11 月 5 日　提前实施"十三五"公路危桥改造工程急需项目第一标段中交第一公路工程局有限公司 32 座桥梁完成交工。

2018 年 11 月 10 日　提前实施"十三五"公路安全生命防护工程项目第四标段山西路桥建设集团有限公司 35 条线路完成交工。

2018 年 11 月 10 日　提前实施"十三五"公路安全生命防护工程项目第五标段中交第一公路工程局有限公司 34 条线路完成交工。

2018 年 11 月 26 日　提前实施"十三五"公路安全生命防护工程项目第八标段西藏云天工程建筑有限公司 39 条线路完成交工。

2018 年 11 月 26 日　提前实施"十三五"公路安全生命防护工程项目第九标段中交路桥建设有限公司 56 条线路完成交工。

2018 年 12 月 31 日　提前实施"十三五"公路危桥改造工程急需项目第三标段西藏嘉隆建设工程有限公司 27 座桥梁完成交工。

2018 年 12 月 31 日　西藏自治区公路局副局长、纪委书记、项目管理办主任其米多吉同志带领项目管理办驻山南办事处、监理代表、设计代表、施工单位相关人员参加了泽当大桥 T 梁架设顺利完成的庆功典礼仪式。

2019 年

2019 年 1 月 18 日　提前实施"十三五"公路危桥改造工程急需项目第六标段中铁二局工程有限公司 48 座桥梁完成交工。

2019 年 4 月 4 日　根据西藏自治区交通运输厅相关会议精神，为了有力推进项目工程建设进度，确保完成项目建设目标任务，项目管理办组织各部门、驻地项目办及施工、监理、设计、检测单位主要负责人，召开了项目复工及推进工作会。

2019 年 5 月 10 日　根据西藏自治区公路局统一安排部署，项目管理办召开了项目管理人员考核会，公路局考察组对项目全体管理人员进行了考核。

2019 年 6 月 5 日　西藏自治区公路局党委委员、副局长、纪委书记、项目管理办主任其米多吉同志主持召开了公路危桥改造与公路安全生命防护工程项目管理办项目推进工作会。

2019年6月6日　为严明纪律要求，进一步加强交通运输系统党的建设、干部职工教育管理、强化警示教育，项目管理办向全体管理人员传达了中共西藏自治区纪委5份典型案例通报。

2019年7月9日　提前实施"十三五"公路危桥改造工程急需项目第四标段西藏天地工程建设有限公司43座桥梁完成交工。

2019年8月24日　提前实施"十三五"公路安全生命防护工程投融资项目全一标段西藏天宇交通有限公司41条线路完成交工。

2019年9月26日　提前实施"十三五"公路安全生命防护工程第一标段邢台路桥建设总公司103条线路完成交工。

2019年11月22日　提前实施"十三五"公路危桥改造工程急需项目第八标段中铁大桥局集团西藏工程有限公司6座桥梁完成交工。

2019年12月13日　提前实施"十三五"公路危桥改造工程急需项目第二标段西藏天源路桥有限公司38座桥梁完成交工。

2019年12月22日　提前实施"十三五"公路危桥改造工程急需项目第五标段西藏天路股份有限公司30座桥梁完成交工。

2019年12月27日　提前实施"十三五"公路危桥改造工程急需项目第七标段西藏仁布县达热瓦建设工程有限公司36座桥梁完成交工。

2020年

2020年3月12日　西藏自治区公路局党委委员、副局长、纪委书记、项目管理办主任其米多吉同志主持召开了2020年公路危桥改造与公路安全生命防护工程项目工作会议。

附 录

西藏提前实施"十三五"公路危桥改造工程急需项目（公路局危桥与安防项目办实际实施）一览表

各市（区）	桥梁总数	不同等级公路涉及桥数	规模 大桥（座）	规模 中桥（座）	规模 小桥（座）	项目投资（万元）	备注
阿里地区	2	国省干线	—	—	—	—	—
		农村路、专用公路	—	2	—	1753	Y724 马荣河中桥、Y724 马尔娘中桥
拉萨市	20	国省干线	—	—	—	—	—
		农村路、专用公路	—	14	6	7599	C124 曲登桥、Y109 色德 2 号桥、C161 仁青林桥、X101 线 K143+941 桥、Y138 阿沛桥、C135 桑盘桥、C204 春堆桥、C200 无名桥、C017 线 K1+022、C017 线 K0+627 桥、X104 巴戈中桥、Y112 帕古桥、C046 无名桥 K1+203、C165 线 K0+037 桥、C084 线 K0+022 桥、Y109 色德 3 号桥、C029 线 K0+618 桥、C023 无名桥、C077 线 K4+019 桥、Y114 曲水桥、C099 巴扎岗桥
		国省干线	3	—	—	25425	G349 曲水大桥、S202 泽当大桥、S508 桑日大桥
山南市	37	农村路、专用公路	34	—	9	25	11999	C016 贡娃桥、C043 扎嘎桥、Y321 班堆桥、C079 温色 1 号桥、X319 琼贡 2 号桥、Y323 达秀桥、Y368 贡秀桥、Y368 贡康沙 1 号桥、C081 贡康沙 2 号桥、C081 琼贡 1 号桥、X308 门当 1 号桥、X308 门当 2 号桥、X308 门当 3 号桥、X308 门当 4 号桥、X308 门当 5 号桥、X308 门当 6 号桥、C085 措玉桥、C085 措巴桥、C007 曲杰桥、C076 堆随桥、C068 强吉桥、C065 仲扎 1 号桥、哈达罗布桥、C007 索巴桥、C065 仲扎 2 号桥、C065 仲扎 3 号桥、C059 假目 1 号桥、C055 久河桥、C080 龙色桥、C107 岗沙 1 号桥、C098 扎桥、C308 奴比桥、X302 米东桥

续上表

各市(区)	桥梁总数	不同等级公路涉及桥数		规模			项目投资（万元）	备注
				大桥（座）	中桥（座）	小桥（座）		
林芝市	20	国省干线	2	1	2	—	738	G318 雪巴 1 号桥、G318 然拉桥
		农村路、专用公路	18	1	8	9	8911	C115 桥那桥、C046 布拉桥、C026 达兴中桥、Z903 南米 3 号桥、Z903 南米 5 号桥、Z903 南米 6 号桥、Z903 南米 7 号桥、Y403 格嘎桥、C120 巴玉吊桥、Y411 昂巴宗桥、X401 线 2 桥、X401 线 3 桥、Y410 里龙桥、Y408 燃木章桥、Y408 巴果三桥、Y408 麦康桥、Y408 东雄桥、Y421 拉多桥
日喀则市	24	国省干线	5	3	—	2	6272	G219 日阿嘎 3 号桥、S202 东嘎大桥、S204 罗布江孜大桥、G318 日拉 31 号桥、G318 日拉 38 号桥
		农村路、专用公路	19	5	12	2	9390	X203 白雪大桥、C320 联阿大桥、Y247 西林大桥、X615 东风大桥、Y216 白坝大桥、X208 曲松中桥、X202 班久伦布桥、X218 嘎果中桥、X207 那强村桥、X208 强日桥、X208 索顶桥、X218 多隆中桥、X218 帕鹊中桥、Y218 克岗 3 号桥、X209 线 3 号桥、Z717 查嘎小桥、X209 那如桥、Z714 达桑小桥、Y219 无名桥

续上表

各市（区）	桥梁总数	不同等级公路涉及桥数	规模			项目投资（万元）	备注
			大桥（座）	中桥（座）	小桥（座）		
		国省干线	7	1	3	3	4626	G345 当曲河桥、G345 夏曲桥、Y664 达龙藏中桥、S303 古龙中桥、C317 曲嘎桥、G109 线 107 桥、G109 线 142 桥、G109 无名 1 号桥
那曲市	130	农村路、专用公路	9	85	29	70655	Y662 刚乃桥、Y664 达龙藏布桥、C071 尼玛大桥、X636 桑曲藏布桥、Y680 亚曲桥、X607 加才桥、X607 桑曲 1 号桥、C367 森波水库桥、C393 藏布 1 号桥、C400 吉尔木桥、C408 中仓藏布桥、X635 灭巴青藏布桥、C432 达果藏布桥、X608 查桑藏布桥、C420 达热藏布桥、X635 灭巴 1 号桥、X662 普宗桥、C491 曲欧桥、Y673 夏拉藏布桥、X674 那跃桥、Y666 卡桥、Y674 1 号桥、Y665 娘仓桥、C481 加加桥、X203 郎泽桥、Y652 直拉桥、Y674 申谢 2 号桥、Y654 布泽桥、C491 曲俄藏布桥、Y652 娄瓦桥、Y652 格玛桥、C224 索曲桥 1、C224 索曲桥 2、C226 热曲桥 2、C230 溢藏西桥 1、C232 热曲桥 6、C232 索曲桥 7、C228 羌曲桥、C263 日曲桥 3、C267 叶雪桥、Y633 格雄桥、C230 嘎达桥、C275 夏曲桥、C258 曲美桥、C266 嘎莫瓦哈桥、C275 嘎曲桥 2、C604 线格 3、C230 嘎达桥、C275 夏日桥、Y671 复日曲桥 1、C111 夏曲日河桥 1、Y669 扎布河桥 2、C604 线桑曲河桥、Y604 听曲河桥、X636 曲嘎布桥、X608 查苏桥、X640 红色水泥桥、C015 X618 加赤达嘎桥、Y680 才多桥、X608 雅尼桥、Y685 产巴那多桥、X618 挡曲河桥、嘎玛河桥、X608 扎那努玛河桥、X608 玛荣河桥、Y650 勒根桥、C108 甲修桥、X608 荣卡果桥、C369 措果桥、C382 查桥、C377 乡封桥、C354 布隆河桥、C370 麦地桥、Y603桥、C359 董琼河桥、Y650 燕多 2 号桥、Y650 燕多 1 号桥、C396 凯仁桥、C393 改仁桥、X631 那果桥、X631 依玛多、X631 达拉桥、C372 藏比桥、C361 浪天桥、C383 纵多桥、C430 比如藏布桥、Y688 阿嘎桥、Y661 来查藏河桥、Y650 燕多桥、C363 萌达桥、C414 曲宽桥、C652 亚恰桥、C224 亚安桥 6、Y674 察多桥、Y662 线 2 号桥、C224 索曲桥 5、C633 苏曲桥、Y669 扎布

续上表

| 各市(区) | 桥梁总数 | 不同等级公路涉及桥数 | 规模 | | | 项目投资(万元) | 备注 |
			大桥(座)	中桥(座)	小桥(座)		
那曲市	130	农村路、专用公路 123	9	85	29	70655	河桥1、Y669江珠河桥、Y608扎龙那布河桥、Y608欧如桥、X608佳龙河桥、X608龙角河桥、X608加苦河桥、X608扎那夏玛河桥、X608热巴桥、C354桑前1号桥、C354桑前2号桥、C384美巴尔桥、Y650布依河2号桥、C370布弄河2号桥、C385沃荼桥、C372立郁桥、Y641荣芬桥、X631措麦河桥
		国省干线 3	—	2	1	920	G318扎巴沟桥、G214如美沟3号桥、G214牛啊桥
昌都市	27	农村路、专用公路 24	6	15	3	19159	Y576沙日西泪桥、Y568金沙江大桥、C408俄冲吊桥、Y534桑多大桥、C363乃帕吊桥、C411达巴吊桥、Y539宗多桥、Y539日崩桥、Y546可拉桥、Y546曲美嘎真桥、Y520香堆桥、Y520尼亚中桥、Y541吉卡线1号桥、C425乃然桥、C430索查桥、C304桥、Y520瓦西中桥、C105乃通桥、C292乌然桥、C294甲桑卡吊桥、Y539多桑桥、Y541色瓦桥、Y541吉卡线3号桥
合计		260	28	152	80	167446	

西藏"十三五"公路危桥改造工程(各管养单位实施)一览表

各市(区)	桥梁总数	不同等级公路涉及桥数		规模		项目投资(万元)	备注
			大桥(座)	中桥(座)	小桥(座)		
阿里地区	2	国省干线	2	—	1	1	575	S302 列嘎布河桥、S302 措什 9 号桥(6 号桥)
		农村路、专用公路	—	—	—	—	—	
拉萨市	11	国省干线	5	2	3	—	3085	G560 伸达桥、S507 曲坚 3 桥、G349 伸达 2 桥、S507 尼江大桥、S303 旁多 3 桥
		农村路、专用公路	6	—	5	1	2338	C732 巴洛桥、X102 格桑 2 号桥、Y001 曲妮啪 8 号桥、C709 郭金桥、C762 德格河桥、C354 巴嘎当村委会桥
山南市	26	国省干线	16	—	3	13	5922	G349 拉子桥、G349 娘果桥、G349 格那桥、G560 拉绥桥、G349 京桥、G349 朗寨玲桥、G349 吓扎马桥、S508 洛村桥(改造)、G349 贡嘎电站桥、S206 洛扎桥、G349 沃扎桥、S510 卓热桥、G219 色 4 号桥、S205 麦村 1 号、G349 恰当桥
		农村路、专用公路	10	—	—	10	186	Y001 巴雪 1 号桥、G219 热荣 2 桥、X324 堆随 1 号桥、Y014 龙桥、ZT03 温色 2 号桥、Y001 巴雪 2 号桥、Y016 古龙桥、S508 洛村桥(加固)、X320 布那 1 号桥、Y302 泥巴桥

续上表

各市（区）	桥梁总数	不同等级公路涉及桥数		规模			项目投资（万元）	备注
				大桥（座）	中桥（座）	小桥（座）		
林芝市	57	国省干线	25	2	8	15	12141	G219里龙2号桥、S505前进桥、G318德巫3号桥、S303果杂拉桥、S303康王1桥、G318板多桥、G219卧龙桥、G219丹娘1号桥、S303朗大下桥、G219雪卡桥、S303多吉松作桥、S303角洛1桥、G318加龙坝东桥、G318红桥、S510美木桥、S504电台桥、G219雪卡1号桥、G318旁品桥、G318141道班桥、S504莫巴桥、G318卡定桥、S205庄巴桥、S205藏龙江桥
		农村路、专用公路	32	—	20	12	12050	X424普大2号桥、X424普大3号桥、C113巴德吊桥、C097西容桥、C836鸡蛋桥、X406林重桥、C115桥那2桥、C031从巴桥、C169罗马林桥、C171西朗1号桥、C918西朗2号桥、C864南麦桥、C180洛三桥、X418娘嘎一号桥、C945孜列桥、S205雪朗桥、ZMH3雪村桥、Z412雪河桥、Z412季河桥二桥、Z412季河桥、桥三桥、Z412季河桥四桥、C193拉丁雪桥、C941玉如岗桥、C040堆桥、S205藏三桥、C060白坡章桥、C007朱曲登桥、S504杰果桥、C001大米桥、日东线4号桥、X424普仲5号桥、X424普龙1号桥
日喀则市	31	国省干线	28	2	11	15	17274	G349日阿嘎2号桥、G318杜龙桥、G349吴坚桥、G219柴河桥、G349东嘎5号桥、G318曲大1号桥、G318日拉35号、G349东嘎1号桥、G349白朗岗桥、白G349巴扎桥、G349番琼2号桥、G318拉41号桥、G349东嘎3号桥、C562普娘2号桥、C562娘笔钟2号桥、G349东嘎钟、S208卡果14号桥、G349拉孜8号桥、C562判笔钟1号桥、S513格荣大桥、S349东嘎4号桥、C562查纳桥、G349无名19号桥、G349无名11号桥、G349无名20号桥、G349那笔莫桥
		农村路、专用公路	3	1	—	2	1668	C032雪布大桥、S303雍玫桥、ZT042号桥

续上表

各市（区）	桥梁总数	不同等级公路涉及桥数	规模			项目投资（万元）	备注
			大桥（座）	中桥（座）	小桥（座）		
那曲市	45	国省干线	33	—	17	16	15419	G317 刚曲桥、G558 忙庆桥、S506 那隆桥、S303 拉勤小桥、G317 色拉龙桥、G317 玛得桥、G317 前达桥、S205 嘎荣沟 4 号桥、S205 嘎荣沟 6 号桥、S205 栋多桥、G317 色拉桥、S205 嘎荣沟 1 号桥、S205 嘎荣沟 2 号桥、S205 嘎荣沟 3 号桥、S205 嘎荣沟 5 号桥、S205 嘎荣沟 7 号桥、S205 努玛钢架桥、G317 荣布桥、G317 日色桥、G317 来尼桥、G317 格尔萨桥、G317 曲可乐桥、G317 世登纳桥、S301 热曲河桥、S301 帮永 1 号桥、S301 帮佣 2 号桥、S205 嘎荣沟 8 号桥、S205 嘎荣沟 9 号桥、S205 嘎荣沟 10 号桥、S205 嘎荣沟 11 号桥、S205 前曲桥、S205 楚曲桥、S506 保加桥
		农村路、专用公路	12	—	6	6	4836	CC01 隆仁河桥、CB97 萨青河桥、CB99 布茉河 1 号桥、X605 藏比村桥、Y009 欧曲 1 号桥、C185 达钦 3 号桥、C185 达钦 4 号桥、C040 顿珠桥、C070 罗曲桥、CG01 冲中 2 号桥、G317 贡曲 2 号桥、C065 土龙桥
昌都市	36	国省干线	18	2	4	12	7880	G214 奇莫那桥、G214 基珠马塌桥、G214 当曲河桥、G214 笏果桥 2 号、G214 白塔桥、G214 笏果桥 3 号、G318 怒江东桥、G317 拉嘎桥、G214 笏果桥 2 桥、G214 宁达中桥、G214 加龙达中桥、G214 大辛中桥、G317 普拉桥、G349 格它顶 2 桥、S502 俄多桥（2 号桥）、S202 嘎加桥（17 号桥）、G557 巴邱 1 号桥、S302 当片桥 1 号（9 号桥）
		农村路、专用公路	18	—	9	9	8701	X515 混凝土桥、Y541 达布桥、Z007 普曲桥、X552 龙马达桥 1 号桥、X552 龙马达桥 2 号桥、X625 线 8 号桥、X417 马扎嘎 3 号桥、Z008 向翁桥、X515 索莽桥、C059 孜嘎桥、C944 岗河 2 号桥、X642 无名桥、Y006 江达镇桥、X515 尼拉贡拉桥、Y541 吉卡线 2 号桥、CB91 吉东桥、C001 乌加桥、C002 阿日线 1 号桥

续上表

各市（区）	桥梁总数	不同等级公路涉及桥数	规模			项目投资（万元）	备注
			大桥（座）	中桥（座）	小桥（座）		
青海省	6	国省干线	3	1	2	9711	G109楚玛尔河大桥、G109昆仑桥、G109珠登小桥、G109土门三岔桥、G109北麓河桥、G109以桥代路桥
		农村路、专用公路	—	—	—	—	
合计		214	12	88	114	101786	

西藏提前实施"十三五"公路安全生命防护工程急需项目（公路局危桥与安防项目办实际实施）一览表

各市（区）	所属县	工程内容	隐患里程 国省干线隐患里程（km）	隐患里程 农村公路隐患里程（km）	工程总投资（万元）	备注
拉萨市	当雄县、堆龙德庆县、林周县、墨竹工卡县、尼木县	波形护栏、标志标线、混凝土防撞墙、振荡标线	281	327	3142	X104、X106、Y110、Y111、X101-1、Y104、Y105、X101-2、Y129、Z104、Y134、Y116、Y117、Y118、Y121、Y136、C001、S303、S507、S207、G318
林芝市	巴宜区、波密区、察隅县、工布江达县、朗县、米林县、墨脱县	波形护栏、标志标线、振荡标线、挡墙	669	587	11301	X401、Y413、Y405、Y409、X411、X412、Y402、Y411、Y412、Y407、Y414、Y416、X413、Y410、G219岗派公路、S303、S504、S505、S204、S205、Z001、Z004、Z005、Z006、Z002、Z024、Z026、Z027、Z028、Z030、Z031、Z033、Z034、Z036、Z037、Z009、Z010、Y421、Z003、Z007、Z406、Z901、Z902、Z911、Y417、Z418、Z042、Z043、Z038、Z039、Z040、Z401、Z416、Z421、Z903、Z412
山南市	错那县、贡嘎县、加查县、浪卡子县、隆子县、洛扎县、乃东县、桑日县、扎囊县	波形护栏、标志标线、路堑墙、主动防护网、混凝土防撞墙、挡墙、边沟	602	1176	27450	X305、X306（Y318）、X307、X307洛桑线、X311、Y301、X302、Y319、S509、X326、X324、X304、Y317、X353、S509、S207、S510、S337、S207、S205、S206、S508、Y364、Y337、Y379、Z001、Z002、Z004、Z005、Y365、Y328、Z007(Z005)、Z001（Z013）、Z003、Y373、Y375、Y360、Y376、Y350、Y354、Y372、Y373、Y361、Z808、Z806、Z808支线、Z008、Z014、Z010、Z013、Z017、Z022

续上表

各市（区）	所属县	工程内容	隐患里程 国省干线隐患里程（km）	隐患里程 农村公路隐患里程（km）	工程总投资（万元）	备注
日喀则市	昂仁县、白朗县、定结县、定日县、岗巴县、吉隆县、江孜县、拉孜县、南木林县、聂拉木县、曲水县、仁布县、萨嘎县、萨迦县、桑珠孜县、谢通门县、亚东县、仲巴县	波形护栏、标志标线、橡胶边沟、主动防护网、护肩墙、锚杆框架梁、减速带	462	2342	40647	S204、S205、X217、X206、X209、X208、X202、X203、X204、S303、S513、G318、X219、X276、Y231、Y227、Y230、Y203、Y204、X312、Y208、Y220、X218、Y214、Y222、Y223、Y251、Y252、Y002、Y004、Y232、Y003、Y259、Y001、Y243、Y245、Y244、Y274、Y240、Y241、Y242、Y273、Y256、Y263、Y266、Y255、Z005、Z006、Z010、Z007、Z008、Z009、Z013、Z014、Z017、Z018、Z019、Z021、Z024、Z025、Z026、Z028、Z029、Z030、Z033、Z011、Z012、Z020、Z016、Z031、Z032、Z035、Z023、Z215、Z719、Z723、拉东寺线、当卓寺庙线、Z702、Z704、Z705、Z710、Z718、Z720、Z725
昌都市	八宿县、边坝县、察雅县、丁青县、类乌齐县、贡觉县、江达县、洛隆县、芒康县、左贡县	波形护栏、混凝土防撞墙、标志标牌、主动防护网、挡墙	975	384	35429	Y536（Y563）、Y525、G349、S201、S202、S203、S204、S501、S502、S303、Y560、Z008、Z018、Y586、Z002、Z004、Z009、Z015、Z003、Z011、Y579、Y580、Y595、Y567、Y574、Y575、Z010、Z013、Z014、Z035、Z039、Z054、Z068、Z041、Z025、Z030、Z040
那曲市	色尼区、巴青县、比如县、嘉黎县、色尼区、尼玛县、聂荣县、申扎县、双湖县、索县、夏曲卡镇	波形护栏、主动防护网、混凝土防撞墙、标志标牌、挡土墙	705	695	23485	Y688、Z001、X635、Y680、Y636、Y634、Y641、Y643、X639、X630、X632、X609、Z002、G317、G558、S205、S301、S302、S303、Z004、Z007、Z005、Z008、Z010、Z016、Z003

续上表

各市（区）	所属县	工程内容	隐患里程		工程总投资（万元）	备注
			国省干线隐患里程（km）	农村公路隐患里程（km）		
阿里地区	措勤县、改则县、革吉县、普兰县、日土县、札达县	波形护栏、护坡、护肩墙、路堑墙、标志标牌	1207	2461	25851	Y701、Y702、Y713、Y713-1、Y714、Y718、Y721、Y724、Y726、Y728、Y731、Y736、Y740、G317、S520、S518（土路）、S518（油路）、S301、S302、Y747、Y750、Y754-1、Y742、Y751、Y752、Y753、Y754、Y755、Y757、Y761、Y762、Y763、Y764、Y765、Y768（Y766）、Y741、Y773、Y778、Y779、Y781、Y789、Y791、Y792、Y793、Z001、Z025、Z002、Z004、Z005、Z006、Z010、Z008、Y783、Y787
合计			4900	7971	167305	
			12871			

西藏"十三五"公路安全生命防护工程（各管养单位实施）一览表

各市（区）	所属县	工程内容	隐患里程 国省干线隐患里程（km）	隐患里程 农村公路隐患里程（km）	工程总投资（万元）	备注
拉萨市	当雄县、堆龙德庆县、林周县、墨竹工卡县、尼木县	波形护栏、标志标线、混凝土防撞墙、振荡标线	12	646	9152	G109、C718540124、C747540124、C754540124、C721540124、C725540124、C723540124、C755540124、C759540124、C719540102、C184540123、C120540123、C730540123、C774540123、C117540123、C720540123、C050540123、C706540123、C756540121、C765540121、C725540121、C744540121、C751540121、C718540121、C719540121、C775540121、C742540121、C838540121、C770540121、C283540103、C734540103、C959540122、C121540122
林芝市	巴宜区、波密区、察隅县、工布江达县、朗县、米林县、墨脱县	波形护栏、标志标线、振荡标线、挡墙	—	752	11100	C733540127、C716540127、C718540127、C749540127、C001540425、C002540425、C005540425、C009540425、C017540425、C018540425、C019540425、C022540425、C027540425、C029540425、C030540425、C032540425、C033540425、C034540425、C038540425、C040540425、C049540425、C051540425、C053540425、C055540425、C706540425、C709540425、C736540425、C738540425、C745540425、C111540402、C117540402、C118540402、C121540402、C125540402、C126540402、C127540402、C129540402、C131540402、C865540402、C873540402、C876540402、C879540402、C881540402、C151540421、C152540421、C159540421、C160540421、C884540421、C897540421、C920540421、C922540421、C927540421、C930540421、C890540421、C078540423、C081540423、C094540423、C095540423、C097540423、C098540423、C092540423、C150540421、C153540421、C154540421、C156540421、C158540421、C162540421、C163540421、C164540421、C165540421、C166540421、C167540421、C170540421、C171540421、C172540421、C173540421、C882540421、C885540421、C886540421、C888540421、C892540421、C900540421、C908540421、C913540421、C914540421、C915540421、C916540421、C918540421、C923540421、C924540421、C925540421、C928540421

续上表

各市（区）	所属县	工程内容	隐患里程 国省干线隐患里程（km）	隐患里程 农村公路隐患里程（km）	工程总投资（万元）	备注
山南市	错那县、贡嘎县、加查县、隆子县、浪卡子县、洛扎县、乃东县、桑日县、扎囊县	波形护栏、标志标线、路堑墙、主动防护网、混凝土防撞墙、挡墙、边沟	315	724	13172	G349、C012540523、C719540523、C720540523、C011540523、C737540523、C003540523、C714540523、C005540523、C001540523、C009540523、C710540502、C739540502、C737540502、C736540502、C743540502、C779540502、C759540502、C776540502、C753540502、C725540502、C751540502、C749540502、C750540502、C746540502、C745540502、C742540502、C752540502、C823540502、C812540502、C012540522、C776540522、C775540522、C774540522、C773540522、C770540522、C769540522、C013540522、C771540522、C772540522、C014540522、C001540522、C002540522、C701540522、C702540522、C703540522、C704540522、C705540522、C767540521、C011540521、C014540521、C761540521、C768540521、C743540521、C015540521、C757540521、C754540521、C006540521、C002540521
日喀则市	昂仁县、白朗县、定结县、定日县、岗巴县、吉隆县、江孜县、拉孜县、南木林县、聂拉木县、仁布县、萨迦县、萨嘎县、谢通门县、桑珠孜区、亚东县、仲巴县	波形护栏、标志标线、边沟、主动防护网、橡胶减速带、护肩墙、锚杆框架梁	—	580	9300	S209、C011540231、C001540237、C013540222、C055540222、C004540222、C002540237、C007540230、C026540225、C035540225、C017540235、C010540235、C015540229、C005540224、C013540224、C031540224、C007540227、C704540233、C002540233、C050540202、C005540233

续上表

各市（区）	所属县	工程内容	隐患里程 国省干线里程隐患里程（km）	隐患里程 农村公路隐患里程（km）	工程总投资（万元）	备注
昌都市	八宿县、边坝县、丁青县、察雅县、类乌齐县、贡觉县、江达县、洛隆县、芒康县、左贡县	波形护栏、混凝土防撞墙、标志标牌、主动防护网、挡墙	954	1175	29784	G349、G317、C071540302、C061540302、C028540302、C972540302、C064540302、C025540302、C060540302、C822540302、C020540302、C069540302、C072540302、C027540302、C7E2540323、C7E0540323、C002540323、C007540323、C008540323、C019540323
那曲市	色尼区、巴青县、比如县、嘉黎县、那曲县、尼玛县、聂荣县、申扎县、双湖县、索县	波形护栏、主动防护网、混凝土防撞墙、标志标牌、挡土墙	1734	1276	18955	G109、G317、G345、C033542421、C041542421、CB87542421、C023542421、C016542421、C782542421、CF39542421、C035542421、C009542421、C008542427、C922542427、C830542427、C926542427、C304542427、C934542427、C441542430、C455542430、C433542430、C435542430、C324542428、C324542429、C385542429、C383542429、C103542423、C101542423、C944542424
阿里地区	措勤县、改则县、革吉县、普兰县、日土县、札达县	波形护栏、标志标牌、护坡、护肩墙、路堑墙	—	1006	4200	C784542521、C710542524、C712542524、C713542522、C855542523、C824542523、C797542527、C302542527、C004542526、C003542526、C730542525、C0111542525、C004542525、C015542525、C738542525、C740542525

续上表

各市（区）	所属县	工程内容	隐患里程		工程总投资（万元）	备注
			国省干线隐患里程（km）	农村公路隐患里程（km）		
合计			3015	5153	95663	
			8168			